EDUCADOR PARENTAL

desafios e prazeres da profissão

EDUCADOR PARENTAL – DESAFIOS E PRAZERES DA PROFISSÃO
© 2023
DIREÇÃO GERAL: EDUARDO FERRARI
CAPA, PROJETO GRÁFICO E DIAGRAMAÇÃO: ANDREIA VILLAR
REVISÃO ORTOGRÁFICA: RODNEY GARCIA
FOTOGRAFIA: ACERVO PESSOAL

Dados Internacionais de Catalogação na Publicação (CIP)
(eDOC BRASIL, Belo Horizonte/MG)

E24   Educador parental / Coordenadora Ana Paula S. Alves. – São Paulo, SP: Literare Books International, 2023.
160 p. : 16 x 23 cm

ISBN 978-65-5922-741-9

1. Crianças – Formação. 2. Parentalidade. 3. Educação parental. I. Alves, Ana Paula S.
CDD 649.1

Elaborado por Maurício Amormino Júnior – CRB6/2422

Esta obra é uma coedição EFeditores Conteúdo Ltda. e Literare Books International. Todos os direitos reservados. Não é permitida a reprodução total ou parcial desta obra, por quaisquer meios, sem a prévia autorização do autor.

EFeditores Conteúdo Ltda
Rua Dona Mariquita Julião, 146 | Fazenda Morumbi
05656-070 | São Paulo - S | (11) 3129-7601
www.efeditores.com.br
contato@efeditores.com.br

Literare Books International
Alameda dos Guatás, 102 | Vila da Saúde
04053-040 | São Paulo - SP | (11) 2659-0964
www.literarebooks.com.br
contato@literarebooks.com.br

Esta obra integra o selo "**Filhos Melhores para o Mundo**", iniciativa conjunta das editoras brasileiras EFeditores Conteúdo Ltda. e da Literare Books Internacional.

Este livro segue as normas do Acordo Ortográfico da Língua Portuguesa.
1ª edição | Novembro de 2023 | São Paulo
Prined in Brazil | Impresso no Brasil

EDUCADOR PARENTAL

desafios e prazeres da profissão

1ª Edição

2023

SUMÁRIO

1. PREFÁCIO
JACQUELINE VILELA 9

2. INTRODUÇÃO
MIRIAM HALPERN GOLDSTAJN 13

3. SERMEP: SER MAIS EDUCADOR PARENTAL
ANA PAULA S. ALVES 19

4. EDUCAÇÃO PARENTAL: UM CHAMADO
ALINE RIBEIRO CESTAROLI 37

5. A VIDA É FEITA DE ESCOLHAS E EU ESCOLHI SER EDUCADORA PARENTAL
ANDREZA MENEZES 51

6. EDUCADORA PARENTAL AQUELA QUE DESCOMPLICA E TRANSFORMA FAMÍLIAS
CARLA AMARAL BISPO 61

7. EDUCAÇÃO PARENTAL: MAIS QUE UMA PROFISSÃO, UM ESTILO DE VIDA
ELAINE GRABHER DE ARAÚJO 75

8. MINHA TRANSFORMAÇÃO AO RECONHECER MEU PAPEL NA EDUCAÇÃO PARENTAL

ERIKA ANUNCIAÇÃO 87

9. A EDUCAÇÃO PARENTAL: RESSIGNIFICANDO O SER, O SENTIR E O FAZER

IOLANDA GARCIA...97

10. EDUCAÇÃO PARENTAL: NÃO É FÁCIL, MAS TRANSFORMA

LILIA CALDAS 109

11. DESCOBRINDO A MINHA MELHOR VERSÃO: UMA JORNADA ATRAVÉS DA EDUCAÇÃO PARENTAL

LUCIANA ABREU GUIMARÃES 123

12. SERVIÇO SOCIAL E EDUCAÇÃO PARENTAL: UMA CONSTRUÇÃO DE VIDA

LUCIANE DIAS TEIXEIRA 135

13. EDUCAÇÃO PARENTAL: ESTREITANDO LAÇOS E RESSIGNIFICANDO A FAMÍLIA

MÁRCIA KELÚCIA SILVA FREITAS 147

14. EDUCAÇÃO PARENTAL: UMA JORNADA PARA O AUTOCONHECIMENTO

MARI ÂNGELA DA SILVA BRANCHER 157

15. COMO SER EDUCADORA PARENTAL, SE NÃO SOU MÃE?

MARION BARBOSA VITORINO MARCOTTE............169

16. EDUCAÇÃO PARENTAL: CONEXÃO, RESSIGNIFICAÇÃO E TRANSFORMAÇÃO

MILLEANI NAZARETH MORAIS OLIVEIRA............181

17. EDUCAÇÃO PARENTAL: PROPÓSITO OU NEGÓCIO?

NATHALIE LIMA 193

18. EDUCAÇÃO PARENTAL: PONTE ENTRE A VIDA PESSOAL E PROFISSIONAL NA MUDANÇA DE CARREIRA

NÍVEA CRISTINA DA SILVA VIANA 201

19. EDUCAÇÃO PARENTAL: UMA MISSÃO DE VIDA COM PROPÓSITO EM FORTALECER VÍNCULOS FAMILIARES

RENATA CAIRES DE SOUZA............217

20. MINHA TRAJETÓRIA DE VIDA ME LEVOU A EDUCAÇÃO PARENTAL

ROSELANY JUNGER DA SILVA 231

21. TRANSFORMANDO A DOR: UMA JORNADA ATRAVÉS DA EDUCAÇÃO PARENTAL

SANDRA MARIA DA SILVA SIQUEIRA 241

22. AO ESTUDAR PARA SER MÃE ME DESCOBRI EDUCADORA PARENTAL

SHEILA DEMESSIANO SOUZA PEREIRA............251

23. EDUCAÇÃO PARENTAL: EQUILÍBRIO ENTRE VIDA PESSOAL E PROFISSIONAL

SIMONE ALVES RIBEIRO DA SILVA 263

24. É PRECISO TER CORAGEM PARA SER EDUCADORA PARENTAL

SIMONE BORGES 275

25. EDUCAÇÃO PARENTAL: REESCREVENDO HISTÓRIAS E FORTALECENDO VÍNCULOS FAMILIARES

SUELEN BRAGA 281

26. EXPERIÊNCIA E CONTRIBUIÇÕES DA EDUCAÇÃO PARENTAL PARA PAIS, FILHOS E OUTROS PROFISSIONAIS

TATIANA MOSCARDI 297

1.
PREFÁCIO

Nos últimos anos, a Educação Parental tem ganhado destaque e notoriedade de forma crescente. E nada poderia ser mais emblemático do que reunir essa jornada em um livro especial, intitulado "Educador Parental: Desafios e Prazeres da Profissão".

Este livro foi idealizado pela coordenadora Ana Paula Alves, que reuniu uma equipe de profissionais especializados para compartilhar suas histórias sobre como a Educação Parental influenciou tanto suas vidas pessoais quanto suas carreiras. Alguns descobriram essa vocação gradualmente, enquanto outros foram, profundamente, impactados por suas próprias experiências de vida.

É uma honra ter sido convidada para escrever este prefácio. Fiquei emocionada ao ler cada relato e ver, repetidas vezes, a citação do método SER, desenvolvido pela Academia Parent Brasil, como um dos recursos usados para gerar resultados extraordinários.

Meu objetivo maior sempre foi além da Parent, esbarra na construção de uma sociedade mais saudável e de pais mais conscientes. Por isso, formar profissionais especializados para alcançar resultados impactantes nas famílias que frequentam é a minha maior missão de vida.

Como uma das pioneiras no campo da Educação Parental no Brasil, testemunhei, com admiração e encantamento, o crescimento e a influência positiva desse movimento na vida de inúmeras famílias.

Houve um tempo em que o termo "Educação Parental" era desconhecido pela maioria dos brasileiros. Os pais enfrentavam desafios complexos, sem saber como lidar com eles de forma eficaz. A sociedade também não valorizava a importância da educação dos pais, o que dificultava ainda mais o acesso a informações e recursos.

No entanto, com o passar dos anos, a Educação Parental ganhou visibilidade e aceitação. Cada vez mais pais e profissionais passaram a se interessar por esse tema, buscando maneiras de criar filhos mais felizes e saudáveis. Profissionais de diversas origens se uniram com o propósito comum de ajudar as famílias a construírem relacionamentos mais saudáveis e conscientes, embasados em pesquisas científicas sólidas. A Educação Parental se revelou como o caminho certo para alinhar e fortalecer as dinâmicas familiares.

Como uma das pioneiras desse movimento, tive a oportunidade de acompanhar de perto esse crescimento. Vi famílias que mudaram suas vidas graças à Educação Parental. Vi crianças que passaram a se desenvolver de forma mais saudável e equilibrada. Vi pais que se tornaram mais confiantes e capazes de criar filhos com amor e respeito.

É uma honra saber que minha contribuição ajudou a tornar a Educação Parental mais acessível e relevante no Brasil; que esse movimento está transformando a vida de tantas famílias.

No entanto, como em qualquer nova profissão, os educadores parentais enfrentam desafios, desde definir claramente o seu campo de atuação até apresentar à sociedade sobre a amplitude e a interdisciplinaridade que abrange uma variedade de temas, como desenvolvimento infantil, psicologia, educação e pedagogia.

Este livro também explora as adversidades que surgem quando se trabalha com famílias que enfrentam uma variedade de questões, como problemas de saúde, dificuldades financeiras, dinâmicas familiares complexas, parentalidade violenta, omissa ou ausente, desafios com adolescentes, dentre outros.

"Educador Parental: Desafios e Prazeres da Profissão" é um encontro de experiências de vida e práticas educacionais, destinado a servir como inspiração e guia para todos que se interessam por se aprofundar no tema. Ele nos lembra que a Educação Parental é também uma jornada de autodescoberta e crescimento pessoal.

Ao ler as trajetórias dos educadores parentais, você perceberá que é uma jornada de desenvolvimento, marcada por resiliência, consistência e ação. Alguns descobriram que, antes de orientar outros, precisaria trilhar sua própria jornada na parentalidade. Perceberam que, para ajudar outras famílias, era preciso primeiro entender suas próprias experiências e desafios. Eles se dedicaram a aprender sobre a teoria e a prática da Educação Parental.

Ao trilhar sua própria jornada na parentalidade, esses educadores parentais desenvolveram uma compreensão mais profunda sobre as necessidades das famílias. Desenvolveram uma empatia maior pelos pais e mães, pois puderam experimentar de perto os desafios e as alegrias da parentalidade. Trouxeram para a Educação Parental suas experiências e conhecimentos de outras áreas, como psicologia, neurologia, psicanálise, psicopedagogia e pedagogia. Eles trouxeram suas próprias perspectivas e valores, que enriqueceram o trabalho da Educação Parental.

Este livro desafia você a eliminar pensamentos e opiniões limitantes, ajustando seu próprio comportamento para viver uma parentalidade consciente e significativa, que transcende os papéis tradicionais.

Que este livro inspire você a refletir sobre sua própria jornada, acompanhando o que o trouxe até aqui, e que encontre a força interior necessária para criar impacto positivo nas vidas das famílias, a começar pela sua.

Jacqueline Vilela
Fundadora da Academia Parent Brasil

2.
INTRODUÇÃO

Um livro sem leitores não existe, não tem vida.

São os leitores que dão vida e existência a uma publicação. Para quem escrevemos?

Em cada pessoa, profissional ou não, a existência de um propósito é o que dá força ao viver! Em nossa jornada, somos escolhas e decisões e muitas vezes sem perceber o passar do tempo, nos preocupamos muito com o outro. Nos perdemos de nós mesmos e quando nos damos conta, não sabemos quem somos. Deixamos de olhar para nós e de percebermos a nossa grandiosidade diante do todo.

Tenho a honra de escrever a introdução deste livro, onde mulheres, em uma nova profissão, a Educação Parental, nos encontramos. Vindas de diversos lugares e formações, o interesse comum é o que nos une!

E como posso honrar esta oportunidade? Este convite?

Tenho formação em Psicologia, sou Mestra em Distúrbios do Desenvolvimento pela Universidade Presbiteriana Mackenzie, Psicanalista e Membro Efetivo da Sociedade Brasileira de Psicanálise de São Paulo - SBPSP, filiada a *International Psychoanalytical Association* de Londres- IPA.

Fui professora de graduação em Psicologia por vários anos e exerço atendimento em Psicanálise e psicoterapia há mais de 35 anos. Em meu exercício clínico, atendi famílias e orientei pais, no atendimento de crianças. Era Educadora Parental, mas não sabia... ou ainda, não era uma categoria conhecida...

Tenho 3 filhos casados e 1 neta.

Sempre me encantou e via, que tudo começa na célula nuclear: as famílias.

Conhecer a Ana Paula foi um presente que recebi durante a pandemia, e logo começou nossa troca de experiências: ela com sua determinação e energia para o novo, e eu, com minha bagagem de experiência pessoal e profissional, com desejo de expandir e levar minha pratica a uma rede maior de pessoas.

Participei na leitura dos relatos que seguem, e, em todos os textos lidos, chamou-me a atenção a constatação da necessidade, de uma condição interna sólida do educador parental, para que haja disponibilidade e condição em ouvir, acolher e orientar.

Soou como música aos meus ouvidos, treinada que sou, em observar, promover e pontuar a evolução e a transformação de pessoas que atendo em meu consultório.

Decidimos assim, propor supervisão de casos de EP onde Ana Paula e eu, temos a oportunidade de trocas e conversas riquíssimas no esclarecimento de dúvidas e trazer mais segurança aos atendimentos de cada educadora parental participante de grupos de supervisão, mais um braço do SERMEP.

A dedicação e empenho das escritoras deste livro, todas contando seus caminhos e encontros com a Educação Parental, traz a experiência e a coragem de mudar um rumo conhecido, e, caminhar em busca de transformação e de um novo propósito.

Foi aí que me apaixonei por este projeto. Veio de encontro ao meu momento de vida. Foi neste ponto que conheci a Nivea, que organiza esta publicação com dedicação e carinho.

Está feito o link, de todas nós, mulheres em busca de cuidar, quem sabe, promover reflexões sobre o mundo em que vivemos, onde as mulheres estão ocupando cada vez mais espaço, com a sabedoria milenar do feminino amoroso e construtivo!

Estamos abrindo caminho em um mundo que necessita cada vez mais de compreensão e empatia, ingredientes necessários para todo o Educador Parental.

Esperamos que, com este livro, todos os testemunhos relatados, e a possibilidade de intervenção de cada uma de nós seja possível ajudar, orientar e proporcionar aos educadores parentais, pais ou cuidadores, recursos satisfatórios na condução do desenvolvimento profissional e familiar.

Quem sabe assim, as gerações que virão por aí, sejam mais compreensivas, receptivas e com maior condição de escolhas pertinentes, para que nosso mundo seja um lugar, cada dia melhor e mais agradável de ser habitado!

Minha gratidão sincera a todos que vem se dedicando a seguir este caminho, cheio de riquezas e oportunidades: Onde é preciso ouvir, ouvir e ouvir de novo.

Lembrar que o encantamento do viver está em somar conhecimentos, sem críticas, e fazer escolhas, respeitando a essência de cada um!

Miriam Halpern Goldstajn

*"Não são as coisas que te aconteceu, Ana,
mas o que você pode fazer com tudo que te aconteceu"*
Juliana Peterle

3.
SERMEP: SER MAIS EDUCADOR PARENTAL

ANA PAULA S. ALVES

RESUMO

Ser Educadora Parental é uma das tarefas mais nobres e, ao mesmo tempo, a mais desafiadora que encontrei na decisão, de exercer essa profissão cheia de altos e baixos. Tenho experimentado momentos gratificantes e únicos, e esse é um capítulo em que explorarei alguns desses desafios e prazeres.

CURRÍCULO

Esposa, mãe de uma jovem a Maria Eduarda, Mãe atípica de um adolescente Murilo. Educadora Parental, formada pela *Parent Coaching* Brasil, coach pelo IBC – Instituto Brasileiro de Coach, Hipnóloga Clínica, Analista Comportamental, Extensão Em Mentalidade de Desenvolvimento Continuo pela PUC, Graduanda em Psicopedagogia, idealizadora e fundadora do Programa Força de Uma mãe Atípica, Fundadora do SERMEP – Ser Mais Educador Parental. Coach Teen – pela Parent Coaching, Jornada de Pais pelo Amar e Acolher.

CONTATOS

(☎) 11 95185-8952

(◎) @anapaula_alves | @sermaiseducadorparental

(✉) sermaisep@gmail.com

Lidando com as expectativas e as perspectivas, esses são os maiores desafios que vou relatar nessa jornada.

Começo, dizendo que ser mãe é um convite irrecusável, que a vida nos traz com novos aprendizados, próprios e específicos da maternidade

Deixo aqui um relato em forma de poema sobre minha história, para uma breve compreensão das perspectivas;

Quando me deixei ir

Me deixei ir... quando recebi o primeiro diagnóstico sobre a doença do meu filho ainda no hospital.

Me deixei ir... quando senti, pela primeira vez, dores nas pernas por ter passado a noite e o dia todo olhando para o meu filho na UTI.

Me deixei ir... quando deixei minha filha em casa pela primeira vez, para cuidar do irmão no hospital, sem saber dizer quando estaríamos juntas novamente.

Me deixei ir... quando esqueceram o fio marca passo, dentro do Murilo após uma cirurgia, e ele teve uma infecção generalizada.

Me deixei ir... quando nas chuvas de janeiro, o muro da minha casa caiu sobre o meu carro, e eu dentro do hospital.

Me deixei ir... quando dei um enorme grito com minha filha, por me pedir para ter um tempo com ela.

Me deixei ir...

Me deixei ir... quando, ao perceber que cortar a unha e amarrar o cabelo era o suficiente para cuidar de mim.

Me deixei ir... no momento em que meu marido disse: *"Acabou! Não temos mais nada... não tem mais de onde tirarmos dinheiro para cuidar do Murilo."*

Me deixei ir...

Me deixei ir... no momento em que a Maria Eduarda pediu um sorvete, em um pequeno tempo que tínhamos juntas, e o dinheiro não dava.

Me deixei ir... por inúmeras vezes que não conseguíamos pagar uma conta de luz, e ela foi cortada, ou ir ao mercado.

Me deixei ir... quando vendi minha casa para pagar as contas do tratamento do Murilo e levá-lo para casa, mesmo que só por alguns meses (dois anos internado).

Me deixei ir... quando minha filha ficou doente, por saudades da mãe.

Me deixei ir... no momento do diagnóstico da Madu, onde disseram que poderia ser um câncer.

Me deixei ir...

Me deixei ir... quando as circunstâncias estavam roubando meus sonhos.

Me deixei ir... quando a inexperiência fechou nossa empresa.

Me deixei ir... ao discutir com meu marido por conta da nossa vida financeira.

Mas, hoje...

Dentre as muitas partidas e renúncias, eu encontrei dentre dessas que me deixei ir, uma força inesgotável que jamais conheceria se eu não tivesse a ousadia de deixar ir. Deixei ir, a dor para encontrar a força, deixei ir a culpa para reconhecer a coragem, deixei ir à decepção para entender o quanto me orgulho da minha família, deixei ir, principalmente a vergonha e estabeleci o reconhecimento de tudo que me tornei nessa jornada, encontrando em mim a Força de Uma Mãe.

Ninguém sai ileso de tudo isto. É dentro deste contexto que começa meu encontro com a Educação Parental. Embora este encontro não tenha sido tão direto assim. Tudo começou em 2017 quando comecei um processo de coaching financeiro e empresarial onde percebi quantos conhecimentos estavam disponíveis e que este conhecimento teria diferença na minha vida. Percebi que o maior projeto que tinha na vida, na verdade, não era melhorar e crescer o negócio, mas a minha família.

Passei, então, a procurar algo que me trouxesse esse conhecimento. Foi aí que encontrei, em 2018, depois de algumas formações em Coaching, a Parent Coaching Brasil e, em especial a Jaqueline Vilela, o que a sua formação me trazia, encontrei acolhimento frente à minha história. Me lembro muito bem o que ela disse *"Uauu! Que história Ana, nunca ouvi algo assim!"* Senti naquele momento uma um desejo de...quero saber mais, quero me conectar mais com sua história E esse foi o momento em que, não sendo julgada pela primeira vez, me senti compreendida. Foi nesse momento, nessa conversa que percebi então que não queria mais me conectar com tudo que já havia passado; queria transformar minha trajetória.

E, assim, comecei uma nova jornada, reconhecendo que tudo que passei, que deixei, ir tinha um propósito ainda maior. O que deixei ir passou a fazer sentido, o que deixei ir trouxe-me de volta. Não temos que apagar ou transformar a nossa história, como se ela não fizesse sentido ou como se isso fosse algo possível. Não faz sentido culpar-se por algo, como se quisesse concertá-lo ou se vitimar por isso. Tudo que passei me tornou o que sou hoje.

Após obter primeira certificação na Educação parental, como Coaching Parental, criei um programa chamado Força de uma Mãe, em uma ONG IAME para mães atípicas e de UTI. Um programa em parceria com a Miriam Halpern, psicóloga, com quem, tenho o prazer de trabalhar a quase 4 anos, que nos honrou com a introdução desse livro.

Esse programa foi ajustado em 2021, quando encontrei a linguagem que buscava, ao conhecer a Iara Mastine em 2020 no I Congresso Internacional de Educação Parental no Brasil. Ao ouvir sua palestra, me surpreendi ao conhecer os recursos apresentados, uma metodologia leve, consciente e sem julgamento. Incorporei este conhecimento ao programa Força de uma mãe.

Em 2021, escrevi um capítulo do Livro Habilidades Socioemocionais e neste processo me deparei com os possíveis campos de atuação. Percebi que queria fazer uma transição de carreira e precisaria buscar mais conhecimentos sobre esta ocupação.

Passei a questionar...

EP é uma ocupação nova? É nova no mundo ou no Brasil? Ela ocorre no Brasil da mesma forma que em outros países?

Entro na fase que considero estar lidando com as expectativas.

LIDANDO COM AS EXPECTATIVAS

Um dos maiores desafios foi entender o que exatamente é um Educador Parental. Entendi como sendo uma atividade inovadora, com muitas áreas de: escolas, terceiro setor, etc. Entrei-me em uma nova jornada. Qual era a definição da nomenclatura Educação Parental? E a sua diferença? Precisa de alguma formação para essa nova profissão? Qual?

Em resumo, um EP é um profissional que contribui com os pais ou responsável por uma criança e/ou adolescente a desenvolverem habilidades e estratégias eficazes de educação e comunicação promovendo o bem-estar e desenvolvimento saudável da criança.

Além disso, pode fornecer apoio emocional aos pais, ajudando-os a lidar com o estresse, o sentimento de culpa e outras questões emocionais relacionada à parentalidade.

Percebi, então, a importância desta área que estava surgindo. Porém, me deparei com muitos profissionais lidando com enormes desafios frente às expectativas e urgência das demandas da sociedade, das famílias e até deles mesmos em apresentar que a parentalidade pode contribuir para as relações entre pais e filhos, bem como sobre a percepções que temos ou supomos ter sobre nós, o que me fez pensar se realmente valeria a pena trilhar este caminho como EP.

Não fui bem recebida em alguns lugares; minha família, passou a questionar o que exatamente eu faria, seria, então, "tipo", psicóloga? Pensei: como vou fazer para que as pessoas entendam a importância de tudo isso? Decidi criar projetos, colocá-los em prática, obter resultados para que, dessa forma, as pessoas passassem a entender.

Fiz uma proposta de projeto para o terceiro setor, mais especificamente para a ONG AMEAS, com um olhar raro para as mães atípicas, para cuidar de quem cuida. Os dirigentes da AMEAS aceitaram prontamente a proposta. Os resultados surpreenderam. A forma com que as mães passaram a lidar com as rotinas exaustivas, o desenvolvimento das crianças evoluiu muito. E o projeto passou a ser visto como algo que precisaria ser expandido para todas as famílias que quisessem participar, não somente as famílias da ONG, assim por meio de um chamamento público todas as ONGs poderiam se beneficiar do programa.

Foi lindo tudo que aconteceu! A criação e andamento deste projeto foi compartilhado no Congresso de Estudo de casos em 2022. Diante de tantos estudos e pesquisas que eu realizei sobre a educação parental, decidi, então, entrar na Amar e Acolher, sendo bem recepcionada, posteriormente, pela Juliana Peterle, fundadora e orientadora da certificação Educação Parental.

Entrei, então, em uma reflexão e busca de subsídios para construir uma visão mais realística sobre o papel do EP. Esta reflexão e busca contribuíram para a criação do SERMEP-Ser Mais EP.

SUPERAR OBSTÁCULOS E ADVERSIDADES

O trabalho do educador parental está repleto de obstáculos e adversidades, que podem gerar várias formas de interpretar o que é a atividade. Confesso que passei a questionar como deveria me posicional profissionalmente, como compreender e ser aceita por uma sociedade cheia de demandas, fechada, sem esperança e desacreditada frente a tantas soluções frustradas.

Mesmo com várias certificações na área, eu não sabia as adversidades podem se manifestar, por exemplo, problemas de saúde; dificuldades financeiras; rotinas desorganizadas vícios; adolescentes que apresentam comportamentos desafiadores; relacionamentos conjugais em desequilíbrios; famílias atípicas em reabilitação familiar; crianças com dificuldades em regulação emocional; burnout familiar; parentalidade familiar desconhecida; escolas enlouquecidas com tantos assuntos a abordar e a acolher; professores desestruturados; empresas com maior índice de funcionários em depressão e não conseguindo mais uma socialização; pais homoafetivos... Ufa!

Percebi o quanto eu precisaria adequar, adaptar abordagens aos diferentes cenários. Afinal, qual seria a minha abordagem de trabalho?

Tudo isso se constituía em obstáculos e gerava insegurança e incertezas para minha atuação. Precisava, então, entender como seria a atuação do EP frente às adversidades e complexidades.

Parti, então, para estudos de campo. Visitei empresas, clínicas e instituições; e relato hoje, com muita segurança diante de estudos científicos, que somos profissionais capacitados para intervenções em famílias. Educação parental surge como um campo de atuação na realidade das famílias.

EQUILIBRANDO PAPEIS E RESPONSABILIDADES

Esse foi um dos maiores desafios que encontrei nessa jornada: gerenciar a vida profissional e familiar tornou-se um desafio constante. Encontrar tempo, energia, para cumprir diversas tarefas, sem negligenciar nenhuma área, exige as habilidades de organização e de planejamento eficaz.

Preciso mencionar aqui que esta jornada acontecia simultaneamente a condução de uma pequena empresa, a Pasta Sottile, presente no mercado a 12 anos, voltada para gastronomia que, até então, auxiliava com renda extrafamiliar.

Em 2021, meu filho passa por uma cirurgia que foi bem-sucedida, mas o pós-operatório trouxe complicações e seus órgãos param de funcionar. Precisei, então, parar os atendimentos e fechar as atividades da empresa. Ficamos 9 meses hospitalizados, com muitas idas e vindas ao hospital devido á pandemia; tudo correu bem e a saúde do meu filho foi restabelecida. Me reerguer não foi fácil. Mas, mais uma vez encontrei uma rede de apoio fora do comum; além de amigos e da minha família, também na Educação Parental.

Nesta ocasião, em 2021, conheci a Iara Mastine durante sua mentoria-Parentalidade Consciente, e fui acolhida com sua sensibilidade e visão. Ela reconheceu em mim o que nem mesmo eu reconhecia por estar coberta de medos e frustações.

Passei, então, a me recolher e cuidar das minhas inseguranças, pois não tinha mais trabalho, atendimentos e motivações. Retornei para a faculdade de psicopedagogia, curso este que havia iniciado em 2019 interrompido devido às questões esclarecidas anteriormente. Nesta fase, contei também com os ensinamentos da Juliana Peterle, que me fez reconhecer toda a experiência e vivência que eu tinha com famílias atípicas, e me presenteou com uma mentoria. Após esta mentoria, criei o PAC-Parentalidade atípica consciente, o qual serviu de base para alçar novos voos, outras perspectivas.

Passei, então, a gerenciar meus papeis e responsabilidades, compreendendo a complexidade que envolve a reestruturação familiar, profissional e as novas rotinas requeridas para este recomeço. Reabilitar a minha família não foi um processo fácil; foram momentos de grandes esperanças e prazeres.

Você pode estar se perguntando, como assim, Ana, não compreendi?

Vou responder, fracassei em 3 lançamentos do Força de uma mãe na internet, e responsabilizei minha inexperiência e as redes, pois queria falar com mães. Mas, ironicamente, minha fala era pra profissionais da Educação Parental e não atingia as mães, e o grupo que fiz para estar conectada com o meu público acabou sendo o dos profissionais da EP.

O que poderia fazer, então? Deixar as redes sociais me pareceu uma boa opção naquele momento. Encontrar pessoas, falar com elas sobre o programa que havia sido reformulado com a ajuda da Iara. Eu precisava fazer isso acontecer, afinal acabava de aprender com a Iara, *"A gratidão aparece quando damos conta de tudo que recebemos da vida".* Opa! Preciso entender isso!

Foi nessa jornada de falar com pessoas que encontrei os responsáveis pela ONG AMEAS.

E você pode ainda me perguntar: mas, e o grupo com os profissionais, o que você fez?

Fiz um questionário para entender o que eles estavam fazendo lá, e percebi que tinha resposta para o que estavam buscando. Assim, criei o SERMEP e a primeira turma Ser Mais Educador Parental.

E quando dei essa primeira aula de apresentação do projeto, sem palavras...- Não sei explicar esse momento. Mas, uma amiga querida que encontrei nessa jornada, Luciane Teixeira, soube muito bem me contar. Ela disse: *"- Amiga, se ainda não sabes quem tu és, comece a treinar isso, pois tu estavas brilhando e feliz como nunca vi!" Você está destinada a isso.*

PRAZERES E RECOMPENSAS DA EDUCAÇÃO PARENTAL

O Educador Parental é um profissional que contribui com pais e cuidadores para desenvolver habilidades e estratégias para educar seus filhos. O nosso papel é orientar, apoiar e capacitar os pais nessa jornada da parentalidade, criando um ambiente seguro, amoroso e positivo em casa.

Já poderia deixar tudo só nisso, pois instrumentar uma família e orientar nos seus sintomas é uma visão e esperança de um mundo especial e contrário das expectativas da sociedade em relação à educação parental, tenho um imenso prazer em falar sobre ela, pois, esses conhecimentos me trazem esperança para próximas gerações e aos nossos filhos.

Costumo dizer às minhas alunas do SERMEP que temos um trabalho de convencimento pela frente, onde nossas ações e nossos resultados serão as provas materiais de que estamos no caminho certo. Nesse início, estamos trazendo esperança e, para isso, precisamos nos encher delas.

Hoje, tenho como missão, a recompensa em contribuir com profissionais da parentalidade, a crescer o nome da nossa atividade.

Você poderia se perguntar, por que falo assim: os profissionais da parentalidade?

Acredito que nem todos que estão conhecendo a profissão precisem exercê-las como fonte de renda principal, mas, que aplicam os instrumentos e os conhecimentos da educação parental nas profissões que exercem atualmente conforme será demonstrado nos capítulos subsequentes

Não deixe de ler os próximos capítulos, tenho certeza de que você se identificará em alguma história. E será motivada.

A missão que apresento no SERMEP é levar e contribuir com Profissionais da Educação Parental a se especializar na atividade, com qualidade e excelência, indicando um caminho capaz de impactar na atuação dos EP, as relações familiares e a sociedade como um todo.

Hoje, a Educação parental não é mais sobre mim, mas sobre uma sociedade carente nas suas dinâmicas face aos desafios contemporâneos.

A busca por respostas às pessoas que foram levadas a funcionar mecanicamente, trouxe – me inquietações- até porque eu já estive nesse lugar desconfortável - e exigiu de mim uma atitude proativa. E como trabalhamos no campo das palavras, das palavras consequentes e transformadoras, nasceu a ideia de um livro voltado às inquietações de homens e mulheres que podem mais e que, neste e em outros momentos, precisam saber, sentir, que não estão sozinhos; que há pessoas competentes e compromissadas em ajudá-los, ajudá-las, a fazer essa travessia.

O Prazer do conhecimento da profissão me instigou a construir 3 pilares do projeto SERMEP – Ser Mais Educador Parental. São eles:

Mais conhecimento: Abordagem de temas centrais que embasam a ação do EP por entender que não haverá sucesso sem conhecimento teórico e científico.

Mais ação: importância das ações práticas do como intervir, como adaptar os instrumentos.

Ser: Significado das ações, Excelência no Básico, Realização no propósito. Para ser mais EP é preciso compreender sobre planejamento profissional, posicionamento e o propósito da atividade.

Esse projeto foi construído com um lindo capital humano que tem acreditado nessa proposta; e nesse caminho encontrei alguns apoiadores como a Parent Coaching Brasil, a Jacqueline que abriu as portas para que pudesse tornar viável um Centro de Divulgação (centro de pesquisas da profissão); e uma grande amiga e pesquisadora, Josie Carvalho, integra e parceira nesse processo que o SERMEP se encontra hoje.

O Centro de divulgação e pesquisas é orientado pela Josie Carvalho, Pesquisadora, PhD em Biociências, especialista em Neuropsicopedagogia, com experiência em análise de dados qualitativos e quantitativos e publicação de artigos científicos em revistas internacionais. Consultora da Revista SERMEP (Ser Mais Educador Parental) que conduz esse setor com muita maestria e inteligência, nos dando segurança para execução da atividade com bases cientificas.

Onde o EP tem se conhecido e praticado suas habilidades, compreendendo que não há nada mais promissor que conhecimento e prática, proporcionando resultados inspiradores, que você também verá nos próximos capítulos.

Espero encontrar você brevemente!

* * *

"Nunca duvide que um pequeno grupo de pessoas conscientes e engajadas possa mudar o mundo. De fato, sempre foi assim que o mundo mudou."

Margaret Mead

4.
EDUCAÇÃO PARENTAL: UM CHAMADO

ALINE RIBEIRO CESTAROLI

RESUMO

Para cada pessoa, a educação parental chega por um caminho diferente. E eu acredito que, mais do que uma profissão, ser Educadora Parental é um chamado de vida, um propósito. Ao longo dos últimos anos, tive a oportunidade de impactar e transformar centenas de famílias, contribuindo com a construção de um mundo melhor através da Educação e Parentalidade Encorajadora.

CURRÍCULO

Filha, esposa, mentora, formada em Psicologia em 2011, pós-graduada em Psicopedagogia em 2013. Educadora Parental desde 2017, com mais de 5 certificações na área; pós-graduanda em Neurociências e desenvolvimento infantil; diversos cursos na área do desenvolvimento humano. Idealizadora do Programa Encorajando Pais® e responsável pela formação de mais de mil profissionais da Educação Parental, através da Educação e Parentalidade Encorajadora. Coordenadora e coautora dos livros Conectando Pais e Filhos (vol. 1 e 2) e Encorajando Pais (vol. 1 e 2); co-idealizadora do Jogo Conecta Família.

CONTATOS

11 98286-7486

@alinecestaroli

contato@alinecestaroli.com.br

Minha história com a educação parental começou em 2017, quando buscava mais recursos para melhor atender aos pais das crianças e adolescentes que buscavam pelos meus serviços como psicóloga clínica.

Me formei em psicologia em 2011 e, desde os estágios na faculdade, a psicoterapia infantil sempre foi minha grande paixão. Comecei minha carreira atendendo convênios, onde o trabalho principal era realizado com grupos de crianças e pais. Foi uma experiência maravilhosa, enquanto uma profissional ficava com o grupo de pais, a outra ficava com o grupo de crianças e/ou adolescentes. Desta forma, conseguíamos formar uma parceria de sucesso, onde os pais aprendiam mais sobre seus filhos e sobre si mesmos. Na época, eu não tinha dimensão sobre a importância deste trabalho, mas, hoje, percebo o quão inovador ele foi.

Após pouco mais de 3 anos realizando atendimentos pelo convênio, acabei me desmotivando com o retorno financeiro. Eu recebia apenas 7 reais por atendimento, e, mesmo trabalhando muitas horas por dia, no final do mês não conseguia ter um retorno que cobrisse meus investimentos. Como havia feito pós-graduação em Psicopedagogia e estava iniciando a graduação em Pedagogia, decidi mudar de carreira e fui trabalhar como auxiliar de classe em um colégio particular.

Fiquei neste colégio por quase 1 ano e meio. No período da manhã, eu ficava com as crianças na recreação e, na parte da tarde, ficava em sala de aula auxiliando a professora. As crianças da turma tinham 4 e 5 anos. Foi um momento de muito aprendizado, onde percebi que, mesmo com o conhecimento da psicologia, psicopedagogia e pedagogia, ainda me faltavam recursos para lidar com os desafios de comportamento das crianças.

Me incomodava usar recursos como levar para a sala da coordenação, deixar sem brincar no parque e algumas ameaças como "Vou escrever um bilhete na agenda". Eu não sabia como fazer diferente. Ninguém ali sabia!

Em pouco tempo, percebi que atuar dentro da escola, como auxiliar de classe, não era o meu lugar. Então, em agosto de 2016 retornei para a Psicologia. Desta vez, comecei a realizar apenas atendimentos particulares e percebi que as demandas que recebia no consultório, em sua maioria, estavam relacionadas a queixas em relação ao mau comportamento das crianças. Essas crianças eram encaminhadas pela escola ou pelos próprios pais, que reclamavam da desobediência, birras, baixa tolerância à frustração, dificuldade para lidar com os sentimentos, agressividade, dentre outros desafios.

Na graduação de psicologia, nos é ensinado a atender a criança por cerca de 4 sessões e, em seguida, chamar os pais para uma sessão de orientação. No entanto, percebi que esse modelo de atendimento não era funcional. Os pais não se comprometiam com o processo, colocavam todas as expectativas em cima de mim. Quando a criança começava a mudar seu comportamento, os pais tiravam os filhos da terapia. Quando os chamava para uma conversa, as orientações que oferecia costumavam ser rebatidas com frases como "Eu já tentei", "Isso não funciona"; "Não sei mais o que fazer".

Nesta época, eu julgava os pais e, inconscientemente, os criticava por não saberem como educar os filhos. Mas, comecei a perceber que, mesmo com tantas formações e estudos, eu também não sabia como orientá-los de forma efetiva.

Me sentia frustrada, incompetente, desencorajada. Mas, desistir não era mais uma opção. Eu já havia desistido uma vez e não queria fazer isso de novo. Naquele momento, eu vivia um paradoxo: era apaixonada pelo que fazia, mas, não estava satisfeita com os resultados ou a falta deles. Foi neste momento que tomei a decisão de buscar mais conhecimentos que ajudassem a compreender como poderia alcançar o coração desses pais e auxiliá-los no processo de educação de seus filhos. Eu entendi que criar e educar um filho é a missão mais desafiadora da vida e, assim como nos preparamos para qualquer outra coisa na vida, também é preciso buscar conhecimento e desenvolver novas habilidades para se educar bem uma criança.

Com base em diversos estudos, aprendi que as habilidades parentais realmente efetivas são aprendidas, e não herdadas. Foi a partir disso que mudei minha visão em relação aos pais. Percebi que os desafios em relação à educação dos filhos apenas representavam que faltavam a esses pais mais conhecimento sobre as fases de desenvolvimento, mais ferramentas práticas para educar os filhos com eficácia e mais autoconhecimento, compreendendo como a educação que receberam na própria infância estava impactando no relacionamento com seus filhos.

Eu entendi que pais desencorajados criam filhos desencorajados, da mesma forma que pais encorajados criam filhos encorajados. A partir disso, mergulhei de cabeça nos estudos sobre a parentalidade e um novo mundo se abriu para mim.

A VIRADA DE CHAVE

Lembro que o primeiro livro que comprei sobre a parentalidade foi "Inteligência emocional e a arte de educar nossos filhos", de John Gottman. Li o livro inteiro em um final de semana. Achei incrível ele relatar as características dos pais "preparadores emocionais". Eu que recebi uma educação baseada no "engole o choro", achei maravilhosa a forma como o autor abordou a importância de acolher e validar as emoções das crianças, usando a tristeza, a raiva e o medo como oportunidades de gerar conexão e desenvolver inteligência emocional.

Era início de 2017, quando eu fiz uma formação em coaching pelo IBC (Instituto Brasileiro de Coaching). Eu estava tentando encontrar um caminho para trazer todo o conhecimento que havia adquirido para meu trabalho com as crianças e os pais. Foi, então, que conheci o coaching parental e, posteriormente, a Disciplina Positiva. Fiz mais de 5 formações e certificações, mas não conseguia colocar todo aquele conhecimento em prática, de uma forma que fizesse sentido para mim e para os pais.

Eu já havia percebido que realizar apenas uma sessão de orientação aos pais não era o suficiente. Os pais se sentiam perdidos, desencorajados e sem saber como lidar com os comportamentos desafiadores.

A grande virada de chave foi compreender que os pais precisavam de um processo de encorajamento. Eu aprendi que encorajar significa incentivar o outro a agir com o coração. Ou seja, incentivar o outro para que se torne a melhor versão de si mesmo. Os pais são os líderes da família e é importante que assumam as responsabilidades e que tenham a coragem de desenvolver o potencial dos filhos, a fim de que eles se tornem quem realmente nasceram para ser. Acontece que, muitas vezes, faltam aos pais: encorajamento, conhecimento, habilidades e disponibilidade interna para se conectarem com os filhos.

POR QUE OS PAIS PRECISAM DE ENCORAJAMENTO?

Ser responsável por educar e criar um outro ser humano é, constantemente, **entrar em contato com a sua própria vulnerabilidade**. Não existem garantias. É um processo diário de erros e acertos. A pressão social, as vozes internas que dizem para a mãe que ela não é boa o suficiente, o sentimento de culpa, a autocrítica, tudo isso faz com que as mães (e os pais também) entrem em contato com sua vulnerabilidade. E a coragem e a vulnerabilidade andam de mãos dadas.

Além disso, **educar um filho requer autoconhecimento**. Requer olhar para si, honrar sua história, acolher e curar as feridas da própria infância. Autoconhecimento para aprender a reconhecer suas necessidades e sentimentos; para aprender a acolher sua sombra com mais amorosidade e compaixão, pois só assim conseguirão dar espaço para sua luz brilhar. Esse autoconhecimento também é importante para que os pais consigam separar o que é deles e o que é dos filhos. Para que essa relação não vire um emaranhado, que é muito comum acontecer, e não seja projetada nos filhos as próprias necessidades, fragilidades e frustrações. Ou seja, o autoconhecimento parental é primordial para que, dada as proporcionalidades, a criança exercite sua infância afetiva e socialmente, emocional e culturalmente, de forma saudável.

Os pais também precisam de encorajamento para questionar padrões. Alguns acabam reproduzindo a educação que receberam, sem questionar se concordam com os resultados e as consequências daquela herança cultural. Os pais precisam de encorajamento, de conhecimento, de orientação, em muitos casos, de treinamento, para ressignificar crenças desencorajadoras, que limitam e que os impedem de estabelecer uma conexão verdadeira, consequente, edificante, com os filhos.

Considerando as limitações e possibilidades da e na relação parental, compreendo que os pais precisam de encorajamento para desenvolver um *mindset* de crescimento, sem medo de olhar para suas áreas de incompetência e identificar quais habilidades precisam desenvolver para que possam exercer sua missão da melhor maneira possível.

Por fim, os pais precisam de encorajamento porque falta conhecimento. Antigamente, acreditava-se que quando nasce um filho, nascem também um pai e uma mãe, que já deveriam saber exatamente o que fazer e como lidar com os desafios que surgissem. No entanto, está comprovado que, assim como estudamos para ter uma profissão, também precisamos estudar para educar.

E foi com essa percepção que comecei a estruturar o Programa Encorajando Pais®, uma mentoria parental que tem por objetivo encorajar os pais no processo de desenvolvimento dos filhos, com foco na educação socioemocional.

TRANSFORMANDO DOR EM OPORTUNIDADE

O ano era 2018. Já tinha realizado o sonho de montar meu próprio consultório e havia feito diversos cursos na área da Educação Parental. Comecei a estruturar o Programa Encorajando Pais® para oferecer aos pais das crianças que atendia.

No início, eu intercalava as sessões entre pais e filhos. Quanto mais eu percebia o potencial deste trabalho, mais me encorajava a oferecê-lo aos pais. Em 2019, eu já me posicionava de forma diferente. Os pais me procuravam para atender seus filhos, e eu agendava uma sessão inicial com eles para explicar como era o meu trabalho.

Reforçava o quanto seria muito mais efetivo se eles, enquanto líderes da família, aprendessem mais sobre o desenvolvimento dos filhos e desenvolvessem novas habilidades para lidar com os desafios de comportamento, sem o uso de punições e recompensas.

O que, no início, era só um sonho, aos poucos, foi tomando forma e se concretizando. As inúmeras famílias que atendi se transformaram, ampliaram seu olhar e aprenderam a se relacionar de forma mais respeitosa e encorajadora.

Os pais ficaram tão impressionados com sua própria transformação que passaram a me indicar no grupo de pais da escola, alegando que todos os pais mereciam essa dose de encorajamento. E foi assim que, em 2019, eu tinha uma agenda lotada, trabalhando mais de 10 horas por dia.

Com o aumento da demanda, passei a ter uma lista de espera e a não dar mais conta de atender todos os pais que buscavam por orientação e encorajamento. Em contrapartida, também não tinha outros profissionais para indicar. Foi, então, percebi que havia uma grande oportunidade de contribuir ainda mais com a expansão da educação parental.

Após meses de trabalho para entender como poderia compartilhar meu conhecimento com outros profissionais, no dia 06 de fevereiro de 2020, abri as inscrições para a primeira turma do curso Encorajando Pais. Meu objetivo era ter 10 profissionais na turma, para que pudesse ensinar o método que eu havia desenvolvido. Não era uma formação de educadores parentais, mas, um curso de capacitação para profissionais que já trabalhavam com educação parental. Para minha grata surpresa, em menos de 1 hora de inscrições abertas, 88 pessoas já haviam se inscrito. E foi assim que nasceu a primeira turma de Facilitadores do Programa Encorajando Pais®.

UM CHAMADO DE CORAGEM

Geralmente, as pessoas chegam até a educação parental através do nascimento dos filhos. Conheci diversos profissionais que passaram a atuar na área depois que os filhos nasceram e que viram nessa transformação uma oportunidade de transição de carreira. Comigo, foi diferente. E o fato de ainda não ter filhos, por muito tempo, me paralisou. Mesmo já atendendo pais no consultório e tendo ótimos resultados, quando comecei a empreender no digital, tinha muito medo de que as pessoas não se interessassem pelo meu trabalho ou terem alguma ideia equivocada sobre a educação parental.

De 2017 para cá, muita coisa aconteceu. Hoje eu sei que, mais do que ter uma profissão, estou atendendo a um chamado de vida. Fico extremamente feliz e realizada por saber que cada aluno que passa pela Formação em Educação e Parentalidade Encorajadora, se torna um dente-de-leão - aquela florzinha que, para muitos, é vista como mato, mas que carrega consigo um grande potencial para florescer, impactar e transformar as futuras gerações.

Acredito que, graças à evolução tecnológica, à pesquisa científica, e, primordialmente, à busca por soluções inovadoras nos campos parental, social, afetivo, emocional e do trabalho, temos acesso a uma gama de conhecimentos e saberes que buscam promover relacionamentos prósperos e saudáveis. Meus pais não tiveram esse privilégio e acredito que seus pais também não. Cada um fez o melhor que podia, com o conhecimento, os recursos e as informações que tinham disponíveis. E como é bom saber que o passado nos trouxe até aqui, mas não determina nosso futuro. Como é bom saber que hoje todos nós temos a oportunidade de fazer diferente e quebrar ciclos de desencorajamento.

Hoje, com os avanços das ciências comportamentais, a diferença que fazemos e as rupturas que promovemos em relação à parentalidade de nossos pais, nos autorizam a afirmar, sem medo de errar, que a educação parental, enquanto processo de aprendizagem e desenvolvimento, está devidamente qualificada para ajudar os pais a entenderem melhor as necessidades de seus filhos, a lidar com desafios e conflitos de forma construtiva, e a criar um ambiente familiar positivo e estimulante. Pois, os pais que aprendem a criar filhos de forma mais saudável e eficaz são mais propensos a compartilhar suas experiências com outras pessoas, influenciando-as a também buscarem uma educação parental.

Transformar a cultura da educação familiar, das relações com os pés no patriarcado ou no abandono afetivo de crianças e adolescentes, não é um trabalho fácil, tendo em vista que estamos falando sobre quebras de paradigma, mudanças de cultura. Mas, enquanto educadoras parentais que somos, sabemos como é gratificante olhar para o todo e observar que o nosso legado resultará em adultos saudáveis e responsáveis, capazes de construir famílias e comunidades fortes e um mundo melhor.

Não sei em que ponto dessa jornada você está. Se está começando agora na educação parental, ou se já atua há muito tempo. Independentemente de qualquer coisa, só continue seguindo em frente. Olhe para o macro. Conecte-se com pessoas com o mesmo propósito. Peça ajuda; você não está sozinha nessa missão. Mantenha o interesse genuíno em contribuir e faça seu trabalho com ética e responsabilidade. Mais que modos, ética e responsabilidade são essenciais para construir confiança e credibilidade na área em que atuamos. Estamos só começando!

* * *

O Senhor cumprirá o seu propósito para comigo!
Teu amor, Senhor, permanece para sempre;
não abandones as obras das tuas mãos!
Salmos 138:8

5.
A VIDA É FEITA DE ESCOLHAS E EU ESCOLHI SER EDUCADORA PARENTAL

ANDREZA MENEZES

RESUMO

Desde menina ansiava por algo latente e profundo na minha vida, estava aqui, dentro de mim a urgência de trabalhar com famílias. Andei por muitos caminhos e todos me trouxeram até aqui. Nunca houve facilidade; tudo foi conquistado com coragem, amor, sabedoria e resiliência. Sim, pensei muitas vezes em desistir; fiz minhas escolhas e agora eis-me aqui.

CURRÍCULO

Nasci no interior de Pernambuco, na cidade de Palmares, sou casada há 24 anos, mãe de três filhos. Sou empresária e educadora parental. Graduada em pedagogia, com pós em neuropsicopedagogia e educação parental, formação em Coaching Parental, Coaching Teens, Coaching Vocacional (Parent Coaching Brasil). Formação em PNL. Desenvolvo projetos de desenvolvimento pessoal em escolas municipais e particulares. Realizo treinamentos para professores e gestores, com foco na resolução de conflitos e projeto de desenvolvimento pessoal para pais e educadores.

CONTATOS

41 99800-0034

@porandrezamenezes

andrezasfm@gmail.com

UMA PEQUENA HISTÓRIA SOBRE MIM

Me lembro claramente, por volta dos 12 anos de idade, da minha adolescência, meu corpo começava a mudar, minha mente recheada de ideias e sonhos impossíveis, no interior de Pernambuco, Palmares minha cidade Natal, na rua da Palma na casa dos meus avós paternos dona Tereza e seu Zé Florêncio. Meu avô me chamou para mostrar algo que para ele tinha muito valor. Ele abriu uma porta de sua casa e me deparei com uma biblioteca improvisada, tinha muitos livros de todos os tipos, com um cheiro peculiar de jornal e traças.

Meu avô se inclinou e falou para mim:

– Minha filha, estude e seja professora! Essa é a profissão que vai mudar o mundo.

Essas palavras, naquele momento, não fizeram muito sentido. Afinal, não era isso que eu planejava. Naquela época, queria ser famosa e, quem sabe, até ser capa de revista. Minha irmã mais velha estava comigo, nos entreolhamos disfarçadamente e rimos. Como assim: ser professora? Isso nunca! Passaram-se anos e essa curta conversa com o meu avô ficou esquecida.

O que quero falar para você é sobre o poder que você tem de superar os seus desafios com **resiliência**, **foco**, **persistência** e **ação**.

Portanto, antes de continuar a leitura, entenda que desistir pode ser mais fácil. Mas, será o melhor caminho? A melhor decisão?

Quando criança, um dos meus maiores sonhos era ser mãe; quando me tornei mãe, percebi que o sonho sem planejamento se torna cansativo, frustrante e estressante. Não que a maternidade o seja. É a ausência de planejamento que se apresenta como empecilho.

A MATERNIDADE TRANSFORMADORA, COMO A RESILIÊNCIA E FOCO ME MOLDARAM

Foi na maternidade que meu olhar sobre o aprender e ser se tornaram latentes e determinantes para me colocar no lugar onde estou agora.

Busquei conhecimento para lidar com os desafios da maternidade. Na Pedagogia, me formei com honras e, verdadeiramente, me apaixonei pelo processo de ensino aprendizagem. Logo, intuí que aquele não era o meu lugar.

Durante a minha formação, me especializei em projetos e desenvolvimento de atividades escolares; e abri um blog que, na época, foi um grande sucesso, "Meus Trabalhos Pedagógicos". Trabalhei com ele por 10 anos, distribuindo atividades e projetos para países do mundo inteiro, do Brasil até a Angola e da Angola até o Japão. Mesmo assim, ainda sentia que não estava no meu lugar.

Fiz especialização em Neuropsicopedagogia, para eu compreender as funções cerebrais e como isso contribui para o processo de ensino aprendizagem. Mas, mais uma vez, percebi que faltava algo: o que seria?

Iniciei projetos voluntários na igreja e na escola. Continuei estudando, pesquisando, explorando novos caminhos, experimentando outros olhares. Nesses processos e experimentos, percebi que trabalhar com crianças era muito bom, mas, precisava de algo a mais; cadê a cereja do bolo?

Sabe aquela sensação de estar com as malas prontas para viajar, mas não saber para onde ir?

Assim era eu, mas me pegava sempre lembrando desta frase:

"Se você não sabe para onde ir, qualquer caminho vai servir".

Eu tinha certeza de uma coisa na vida, meu maior projeto era trabalhar com famílias. A pedagogia e a neuropsicopedagogia me ajudaram; ainda não era o meu lugar.

ENCONTRO COM A EDUCAÇÃO PARENTAL, O RESULTADO DA PERSISTÊNCIA

O filósofo Confúcio sabiamente escreveu "A vida é realmente simples, nós que insistimos em torná-la complicada".

Com a minha graduação e especialização, continuei galgando meus caminhos e me atualizando sobre as inovações parentais através de livros e artigos. Como sempre gostei de me comunicar, habilidade que herdei do meu pai, sempre era chamada para rodas de conversas e solicitada para atender chamadas urgentes para resolução de conflitos familiares – obviamente, nessa época, era tudo por amor.

Aconteceu um start em mim. Entendi que a minha função parental era ajudar famílias e essa ajuda seria iniciada pelas mulheres. Mas, como? Onde? Será que elas vão me ouvir? Eram dúvidas constantes que me assolavam e, constantemente, me faziam pensar em desistir, e, acredite, a vontade era muito grande, mesmo.

Comecei a buscar em minhas memórias o motivo de ter vivido o que vivi, toda a luta, **resiliência, foco, persistência**; foi quando visitei a memória do meu avô me levando a sua biblioteca improvisada e a importância da **educação** na vida das pessoas.

Foi, então que, de repente, encontro com a Jacqueline Villela em minha *timeline*; as coisas que ela falou me chamou atenção:

"Venha impactar famílias através do coaching parental."

A voz da Jacque ressoava em minha mente como um sino que badala de hora em hora, quase um ano de estudos e práticas para me especializar no curso; estava embarcando para São Paulo, recebendo o certificado de Educadora Parental. Depois disso, fiz outras formações com a Jacque e me tornei especialista em adolescentes e preparando adolescentes para sua carreira profissional.

QUANDO A RESILIÊNCIA, O FOCO, A PERSISTÊNCIA E A AÇÃO CAMINHAM NA MESMA DIREÇÃO

Após a formação, recebi um convite para trabalhar num programa de TV Online na cidade onde moro, Guaratuba; trabalhei aproximadamente 1 ano, justamente no período da pandemia.

Fiz uma combinação de estudos, com apresentação de tv, mais atendimentos, um período de muita ação na área parental.

Meu trabalho com o programa de TV foi valioso para mim, me permitiu entrar em ação e desenvolver habilidades que achava que não tinha. Mas o dever me chamava e eu atendi o chamado. Abri meu espaço de atendimento terapêutico e educação parental. Trabalhei incansavelmente dia e noite.

Se foi fácil? Nunca foi. Mas, cada dia que decidi não desistir me trouxe até aqui.

Hoje, atuo diariamente como educadora parental, com famílias, mães e pais, dentro das escolas com treinamentos para professores e para pais e, também, em Instituições corporativas.

Essa pequena história sobre mim é para te encorajar a continuar e seguir o caminho da educação parental.

Cada mãe ou pai que você atende é uma família que impacta, fortalecendo os vínculos afetivos de gerações vindouras.

Hoje, vivo da educação parental em todos os aspectos: familiar, profissional, emocional e financeiro.

Por isso...

Quando pensar em parar seja **resiliente**, você vai aprender a se superar todos os dias.

Quando achar que os seus planos e projetos não estão bons, acredite! Sempre terá uma mãe que vai precisar exatamente do que você tem para ela. Portanto, tenha **foco** e não pare.

Quando sentir que as portas não estão se abrindo para você, procure outra porta; logo ela se abrirá. Não desista. **Persista**!

Quando estiver cansada e achar que não está tendo o retorno que gostaria, replaneje a rota e entre em **ação**.

Entrar em ação é o melhor recurso para continuar, eu consegui viver da educação parental e você também pode.

Termino com esse versículo, para você refletir:

Finalmente... tudo o que for verdadeiro, tudo o que for nobre, tudo o que for correto, tudo o que for puro, tudo o que for amável, tudo o que for de boa fama, se houver algo de excelente ou digno de louvor, pensem nessas coisas. Ponham em prática tudo o que vocês aprenderam, receberam, ouviram e viram em mim. E o Deus da paz estará com vocês.

Filipenses 4:8-9

* * *

"Não deixe que os seus medos tomem o lugar dos seus sonhos".
Walt Disney

6.
EDUCADORA PARENTAL AQUELA QUE DESCOMPLICA E TRANSFORMA FAMÍLIAS

CARLA AMARAL BISPO

RESUMO

A educação parental atravessou minha história de forma intuitiva. Nesse decorrer, fui privilegiada ao receber uma educação recheada de afeto. Me emociono, quando reflito a forma encantadora como minha mãe criou e educou os filhos. Utilizou-se de sua resiliência para alcançar transformação; ressignificou o seu passado; descomplicou sua adolescência avançou em graça e virtude. Sem sombra de dúvida, ela representa uma fonte de inspiração; uma mãe, responsável pelo meu desenvolvimento saudável.

CURRÍCULO

Sou natural de São Paulo, casada, mãe e madrasta. Atuo como psicóloga clínica, neuropsicóloga e educadora parental. Possuo Certificação no Programa Encorajando Pais, Disciplina Positiva (PDA), Expert Parent Coaching, Especialista em Coaching Teens e Ser Mais Educador Parental. Sou coautora da Comunidade MAC – Mães de Adolescentes em Construção e integrante do Clube Canguru.

CONTATOS

- 11 99933-2164
- @carlaa.psico
- carlaa.psico@gmail.com

Sou Psicóloga Clínica, Neuropsicologia, certificada em Educação Parental. Iniciei minha trajetória na psicologia em 2006, cheia de expectativas e com enorme desejo no coração de transformar o mundo. Foi uma longa jornada cheia de descobertas encantadoras a respeito do funcionamento do cérebro e do comportamento humano. Ainda em sala de aula, à véspera dos estágios no setor organizacional e clínico, as minhas escolhas foram sendo direcionadas para a infância e adolescência, com base nos estudos de desenvolvimento humano, saúde mental e neurociência.

Ao concluir minha graduação, estava certa de que iniciaria minha jornada na clínica, mesmo calejada de ouvir de familiares e professores a respeito da baixa remuneração salarial. O meu coração pulsava em querer praticar a clínica com crianças e adolescentes.

Na minha experiência clínica, foi possível sentir o quanto as crianças e adolescentes se encontravam "vulneráveis" e sem amparo emocional, desencadeando o bendito "mau comportamento." Os pais e cuidadores traziam os seus filhos na expectativa de que eu pudesse transformá-los em crianças e adolescentes obedientes e responsáveis.

Durante alguns anos, eu insistia em convidar os pais para participar de, pelo menos, uma sessão para que eu pudesse fazer intervenções. Ocorre que eles estavam ocupados demais e justificavam que a queixa era somente dos filhos. Ou seja, eu era a única responsável por gerar mudança de comportamento. E, por vezes, sobrecarregados pelas ocupações profissionais, outras dores, outros medos, os pais cegavam para as necessidades de seus filhos como, por exemplo, a presença das figuras materna e paterna no desenvolvimento biológico, afetivo, social e cultural da criança e do adolescente.

Era possível vislumbrar o adoecimento mental das crianças e adolescentes na clínica, à medida em que os interesses pelo âmbito profissional falavam mais alto do que o tempo de interação saudável no ambiente familiar.

Diante do desafio em engajar as famílias no processo terapêutico, recorri em busca da formação em terapia cognitiva comportamental, no modelo Aaron Beck (1964), responsável por conceber o tratamento baseado em uma formulação cognitiva de crenças mal adaptativas, as estratégias comportamentais e a manutenção dos fatores que caracterizam um transtorno específico, baseado no tratamento de sua conceitualização, ou compreensão, de cada cliente e de suas crenças subjacentes específicas e padrões de comportamento.

A formação em Terapia Cognitiva Comportamental me instrumentalizou para adotar uma postura ativa nos atendimentos, cumprindo com diversas funções, como reestruturar entrevistas com as famílias, rede de apoio, docentes, médico e o paciente, possibilitando a construção de um trabalho mais colaborativo, com o foco em soluções e desenvolvimento de estratégias para aprender habilidades cognitivas e comportamentais para enfrentar as situações de conflito.

Quando, finalmente, me senti instrumentalizada, passei a conciliar a clínica com a prática institucional na assistência social, no nicho de Acolhimento Institucional, conhecido como SAICAs, local destinado a crianças e adolescentes envolvidos em medidas de proteção, em risco pessoal, social ou em condição de abandono.

Novamente precisei calçar as sandálias da humildade e confessar que ali sim, foram os verdadeiros estágios jamais experienciados ao longo da minha formação, eu passei a consumir conteúdos de assistência. O profissional que me oportunizou acessar os primeiros documentos, me falava, você foi batizada com o "terceiro olho", seja bem-vinda ao submundo.

A sensação de me sentir desestrumentalizada diante da alta demanda bateu forte. Mesmo podendo contar com o apoio de outros profissionais, existia uma ardência no meu coração em desenvolver com assertividade estímulos e habilidades socioemocionais para além do básico, previsto no plano de trabalho.

Na medida em que eu fui me envolvendo com as necessidades que emergiam na instituição, o meu tempo entre família e dois trabalhos não me possibilitavam manter as conciliações; foi necessário parar e recalcular a rota. Eu estava dividida em quatro paixões: família, clínica, SAICA e a continuidade dos estudos. Acabei optando pelo afastamento temporário do consultório, objetivando ter mais tempo para me dedicar à minha filha e aos estudos. Eu não posso negar que, na ocasião, eu me sentia realizada em cuidar e desenvolver crianças e adolescentes que não disponibilizavam de privilégios.

Quando me afastei dos atendimentos, ingressei na pós-graduação em neuropsicologia clínica. Mais um sonho a ser realizado.

Eu já havia iniciado no passado e necessitei trancar. Foi muito dolorido na época; eu estava me divorciando. Essa foi uma das causas que me fez pausar os atendimentos clínicos para oxigenar meus pensamentos e sentimentos. Foi a minha pausa obrigatória para eu cuidar das minhas vulnerabilidades.

A retomada dos estudos representava minha capacidade de exercitar na prática a resiliência. Viver e sentir esse processo foi muito libertador, me fez experimentar a empatia e a compaixão; me fez sentir viva e potente. Afinal, eu almejava o retorno para os atendimentos no consultório. Reduzir minha jornada de trabalho e ter mais disponibilidade para minha filha para acompanhar o seu desenvolvimento cognitivo e socioemocional.

O meu interesse em formar em neuropsicologia era realizar a transição de carreira, garantindo uma ampliação do raciocínio clínico através do estudo complementar do sistema nervoso central, do funcionamento cognitivo e seu comportamento, assim como suas principais áreas de abrangência no diagnóstico complementar, e as intervenções clínicas para auxílio de diagnóstico diferencial de quadros neurológicos e neuropsiquiátricos, corroborando com a investigação da natureza e do grau de alterações cognitivas e comportamentais.

Foram dois anos intensos de estudos e prática que me oportunizaram avaliar três crianças do SAICA. Elas estavam na fila de espera aguardando uma vaga para diagnóstico diferencial no Sistema Único de Saúde (SUS). Foi autorizado avaliá-las, com supervisão dos profissionais do Hospital das Clínicas (HC), e, no final do processo, encaminhá-las para tratamento junto ao CAPS Infanto Juvenil, com acompanhamento da Vara da Infância e setor técnico.

As avaliações contribuíram com a minha formação e foram facilitadoras para a conclusão da pós em dezembro de 2019.

Finalmente, alcancei a formação que tanto desejava. A neuropsicologia clínica era a certeza do meu retorno ao consultório, conforme já apresentado. Como nem tudo sai conforme desejamos ou planejamos, no ano de 2020, o planeta foi surpreendido pela pandemia da Covid-19. Minha transição de carreira teve que ser replanejada, conforme veremos a seguir.

Em 2020, no início na pandemia, acreditei que se trataria de algo passageiro, e que logo eu estaria no consultório. Como todos nós, fomos surpreendidos com o fechamento das escolas, com a restrição na circulação de pessoas. Essa catástrofe, vamos assim dizer, exigiu adaptações, reinvenções, tanto em âmbito pessoal quanto profissional. Sem sombra de dúvida, foi um período de muita tensão e cautela, quanto a decisão de sair de algo fixo para ir para algo totalmente imprevisível, foi preciso recalcular a rota.

Neste ínterim, começaram a surgir outras ofertas de trabalho na assistência social, devido a urgência de colaboradores para atuar na linha de frente da pandemia. E lá fui eu dividir a jornada entre SAICA e Serviço Especializado na População em Situação de Rua (SEAS), para atuar com crianças, adolescentes e famílias. Vale mencionar que o mesmo profissional que havia me batizado de terceiro olho, me convidou para essa missão. Eu desenhei uma missão temporária, enquanto as pessoas eram orientadas a ficar em suas casas devido ao intenso risco e ao agravamento da pandemia.

Novamente eu experimentava a resiliência em atuar em dois serviços da alta complexidade em regiões completamente opostas, era preciso atravessar a cidade de transporte público, fazendo uso de máscara e muito álcool em gel para garantir a minha segurança e a da população em situação de rua.

Diante do agravamento da pandemia, eu iniciei minha despedida do SAICA. Neste período de desligamento de SAICA, também começaram a emergir uma busca espontânea de profissionais dispostos a realizar parcerias para me encaminhar pacientes particulares; e eles foram chegando. A nova situação me forçou a correr atrás de conhecimentos e equipamentos necessários para abraçar as demandas online. A oportunidade de realizar a transição estava mais próxima de mim. Mesmo conciliando a jornada do SEAS. Estabelecer, gradativamente, o retorno ao consultório foi confortável, porque estávamos trabalhando com a jornada reduzida e conciliando com rodízio entre equipes em decorrência da pandemia.

Conforme as demandas de atendimento particular começaram a chegar, eu fui vivendo experiências possíveis na prática clínica online, e, novamente, foi necessário buscar instrumentalização para as adaptações necessárias exigidas pelo Conselho Federal de Psicologia (CRP).

No meu sopro de pedido de ajuda, eis que um dente de leão alcançou uma aluna do curso de neuropsicologia. Na ocasião, compartilhávamos as mesmas angústias de duas recém-formadas atravessando uma pandemia. Esse dente de leão já havia alcançado uma outra aluna, que a convidou para participar de aulas pro bono com a profissional, Aline Cestaroli, idealizadora do Programa Encorajando Pais. Foi exatamente este o caminho que iniciei minha jornada na Educação Parental, a oferta deste curso foi a luz que eu sempre busquei para impactar as famílias das crianças e dos adolescentes na clínica.

Ao concluir a formação, recebi o primeiro Selo de Educadora Parental, comecei a beber de diversas fontes dentro das referências citadas como: Alfred Adler, Rudolf Dreikurs, Carl Rogers, Winnicott, John Bowlby, Jonh Gottman, dentre outros, que apontam para a relevância da relação entre pais e filhos e destacam a importância de buscarmos práticas mais encorajadoras para educarmos as crianças e os adolescentes. Ao passo que eu fui estudando e internalizando a Educação Parental na minha prática clínica, foi possível compreender o solo fértil ao qual eu estava adentrando.

Nesta busca por conhecimento, ouvi falar sobre Disciplina Positiva (PDA), cuja percussora é Jane Nelsen, doutora em educaçao, juntamente com sua amiga e parceira Lynn Lott, mestre em aconselhamento familiar e de casais.

Ao mergulhar na disciplina positiva, compreendi que se trata de uma abordagem socioemocional, com base nas teorias psicológicas humanistas de Alfred Adler e Rudolf Dreikurs, que foi desenvolvida por Jane Nelsen, Lynn Lott e alguns colaboradores para ajudar famílias a melhorarem o relacionamento entre pais e filhos, incentivando crianças e adolescentes a aprenderem autodisciplina, responsabilidade, cooperação, habilidades de resolução de problemas, dentre outras competências necessárias para a construção de uma vida feliz.

Em busca dos princípios da Disciplina Positiva, iniciei minha segunda certificação com a trainer Bete Rodrigues. Houve uma identificação inicial, eu estava nos preparativos do meu casamento e prestes a ser promovida a madrasta, e a Bete foi essa chave no meu quebra cabeça, ouvir a história pessoal de uma profissional gabaritada na Educação Parental, madrasta e vodrasta, me fez acreditar que minha trajetória na Educação Parental não era um esforço somente profissional e sim pessoal também. Afinal, eu necessitava dominar habilidades socioemocionais para lidar com a formação do meu novo núcleo familiar.

E para findar o ano de 2021, casada, promovida a madrasta, eu tive o privilégio de participar do Congresso de Educação Parental, neste primeiro fui como ouvinte, tive a oportunidade de aprender com profissionais renomados na área. Fiquei ainda mais apaixonada pelo campo de atuação; eu já nem lembrava de fazer questão de manusear testes e avaliação neuropsicológica. Eu estava entregue, de corpo e alma, à Educação Parental. Eu só pensava em lançar sementes encorajadoras para transformar famílias e reconectar adolescentes com seus pais.

Neste primeiro congresso, também tive o privilégio de fazer networks e conhecer a Coaching Nívea Cristina, a qual também compartilhou sua experiência de transição de carreira. Eu confesso ter ficado encantada e muito esperançosa com a quantidade de profissionais engajados, lutando pelo mesmo propósito, unidos para transformar famílias.

Na ocasião, eu ainda não conhecia a Jac Vilela. Passei a acompanhá-la pós congresso, com o intermédio da Nívea que havia concluído o seu curso e me fez recomendações a respeito da Família Parent Coaching Brasil, à qual eu ingressei no ano de 2022, na formação Expert, Teens e Adolescência Blindada.

Eu havia desenhado e planejado o ano de 2022 para ser o ano da virada de chave, conforme orientações preciosas recebidas pela minha mentora Jac Vilela. Utilizei ferramentas da Disciplina Positiva, convoquei uma reunião de família, conscientizei todos a respeito da minha decisão em transicionar de carreira no segundo semestre. Após garantir o apoio familiar, comuniquei a minha gestão para que a ela pudesse ter tempo de realizar uma nova contratação.

Antes de cumprir aviso prévio, as famílias e os pacientes que foram chegando, graças as indicações de profissionais parceiros, que validaram a minha transição de carreira em outubro de 2022.

Rumo ao Congresso de Educação Parental 2022 com a querida Ivana Moreira e Jac Vilela, organizadoras desse megaevento, responsáveis por oportunizar o crescimento pessoal e profissional de multiprofissionais, eu estava super ansiosa para me reencontrar com a galera. E foi simplesmente incrível: momentos de aprendizado, trocas, partilhas, sintonização de metas e o estabelecimento de parcerias importantes.

Pós Congresso, eu iniciei a semana seguinte ligada no 220, já colocando em prática a reformulação do meu posicionamento. Refiz minha logo, migrei para o Instagram, redefini meu nicho, passei a descomplicar a adolescência no universo digital, com intuito de psicoeducar famílias e resgatar a conexão com os adolescentes.

Oficialmente, estabeleci parceria com a Coaching Parental Nívea Cristina, o nosso batismo "as loucas" (risos), porque no congresso estávamos em busca de conexão e a nossa aconteceu, por acreditarmos muito na adolescência, fruto da nossa loucura saudável, nasceu a Comunidade MAC- Mães de Adolescentes em Construção. O nosso projeto piloto foi sendo desenhado e desejado graças a nossa rede de apoio, família Parent Coaching Brasil, que nos proporcionou a formação Ser Mais Educador Parental (SERMEP), com a nossa querida Ana Paula, Educadora Parental e fundadora do programa, responsável por nos direcionar de forma assertiva na elaboração do projeto e na atuação profissional dentro da parentalidade.

Ao finalizarmos a formação SERMEP, eu em coautoria com a Coaching parental Nívea Cristina, lançamos a comunidade Mães de Adolescentes em Construção, na plataforma da HOTMART. Estruturamos um clube de assinaturas com conteúdo sobre a adolescência voltados para mães, objetivando acolhê-las a partir de novas lentes, com mais compreensão, amor e habilidades socioemocionais que refletirão na saúde mental e no desenvolvimento emocional dos adolescentes.

Na minha faceta profissional, idealizo, para o segundo semestre de 2023, administrar a continuidade dos atendimentos individuais com os adolescentes, mergulhar nos processos parentais para espalhar sementes de habilidades socioemocionais, além de intensificar a produção de conteúdo com relevância para descomplicar a adolescência e, por fim, engajar, com todo o meu coração, na expansão da Comunidade MAC – Mães de Adolescentes em Construção.

* * *

*"Se queremos exercer algum tipo de poder,
então usemos a conexão. O amor.
O respeito pela criança."*
M.J. Silva

7.
EDUCAÇÃO PARENTAL: MAIS QUE UMA PROFISSÃO, UM ESTILO DE VIDA

ELAINE GRABHER DE ARAÚJO

RESUMO

Com o nascimento do meu filho, percebi que minha experiência como educadora não atendia aos desafios da maternidade. Quando a educação parental entrou na minha vida, descobri que, para ser boa mãe, era necessário, antes de tudo, ser boa para comigo mesma. E nessa jornada, tenho aprendido a eliminar pensamentos e crenças, alterando meu próprio comportamento e ajustando-os à verdade de que é possível viver a parentalidade consciente para além da maternidade.

CURRÍCULO

Cursei bacharelado e licenciatura em Ciências Biológicas; formada em Pedagogia; pós-graduada em Educação Parental e Inteligência Emocional pela Parent Coathing Brasil. Conclui a Certificação Internacional de Facilitador de Parentalidade Consciente pela Academia de Parentalidade Consciente de Portugal. Cursei a formação em Parentalidade Bíblica pela Universidade da Família (UDF). Atuo como diretora de uma Escola de Educação Infantil na rede pública da cidade de São Paulo, com mais de 20 anos de exercício. Casada há 20 anos e mãe do Álvaro.

CONTATOS

- 11 99559-7027
- @elainegrabher
- elainegra78@gmail.com

Como profissional da área da educação, sempre gostei de estudar e buscava me aperfeiçoar para melhor atender aos alunos e às famílias na escola.

Quando me vi com turmas de pré-adolescentes e adolescentes, senti muita dificuldade para obter a atenção delas. E me frustrava ainda mais ao ver que colegas de trabalho, com mais experiência, também não tinham respostas para essas dificuldades.

Naquela época, vinte anos atrás, eu não imaginava que existia estudos sobre inteligência emocional ou educação parental. Eu só sabia que não podia entrar e sair da sala de aula sem impactar meus alunos, sem ajudá-los verdadeiramente a se sentirem boas pessoas e capazes.

Poucos anos mais tarde, passei da sala de aula para a gestão escolar e comecei a ver a escola sob uma perspectiva menos pedagógica e mais administrativa. E nessa nova função, eu tinha que lidar com os conflitos entre alunos x alunos; alunos x professores; gestão x professores; comunidade x escola. E não havia receita pronta que desse conta de tantas demandas. Mas, de uma coisa eu tinha certeza: eu não podia ser mais uma a cumprir meu trabalho sem transformar o ambiente à minha volta.

Eu sabia que me faltava algo para fazer mais e diferente no meu contexto de trabalho, no diálogo com os alunos, famílias e professores. Mas não sabia o quê e nem por onde começar.

Com o nascimento do meu filho, percebi que todo conhecimento e experiência como educadora não estavam dando conta de atender todas às demandas da minha nova função: ser mãe.

Apesar das várias conquistas na vida profissional, sentia que faltava mais conhecimentos e não dispunha de estratégias para lidar com a maternidade de uma forma mais tranquila. O acúmulo de funções e as cobranças externas iam, aos poucos, gerando pressão e um sentimento de culpa terrível por não estar desempenhando nenhuma das minhas funções com perfeição.

Aos poucos, fui reconhecendo que, para ser uma mãe melhor, eu precisava ser melhor para mim mesma, cuidando da minha saúde emocional e me olhando com gentileza e menos culpas. Tive que reconhecer que, apesar das cobranças da sociedade, eu era a minha maior sabotadora.

Acontece que é humanamente impossível estar linda, disposta, alegre, bem-sucedida no trabalho, dedicar todo tempo do mundo ao filho e fazer mais mil coisas diferentes de forma excepcional o tempo todo.

Foi reconhecendo minhas fragilidades que busquei o caminho do conhecimento e do autoconhecimento, até me deparar com o termo: Educação Parental.

Meu primeiro contato com a Educação Parental ocorreu no ano de 2019, quando conheci o trabalho de Mikaela Övén, fundadora da Academia de Parentalidade Consciente e autora dos livros "Educar com Mindfulness" e "Educar com mindfulness na adolescência".

Ouvir a Mia despertou o desejo de conhecer mais sobre a Parentalidade Consciente e aplicar na minha maternidade e no meu trabalho, pois ali também lidava com crianças.

A partir do momento que sentimos a necessidade de percorrer novos caminhos para exercer nossa parentalidade, começamos a perceber que tudo começa por nós, e cada passo dado nessa direção é transformador.

Os conflitos parentais dizem muito a respeito da expectativa do adulto em relação à criança, sobre como enxergamos o nosso papel nessa relação.

Desde então, fui buscando mais conhecimento em Educação Parental e pude colher muitos benefícios pessoais; e passei a desejar que mais pessoas pudessem ter acesso ao que eu estava a descobrir.

Algumas formações das quais havia participado falavam sobre fazer da Educação Parental uma profissão e muito se falava em transição de carreira, marketing digital, fazer clientes e estar no mercado de trabalho atendendo famílias. E eu simplesmente não conseguia me enxergar nesse nicho e estava ficando desanimada.

Foi necessário fazer uma pausa consciente para compreender que, como mãe, naturalmente estava exercendo a educação parental com mais segurança e confiança, trazendo mais harmonia para meu lar e isso estava refletindo na minha área de atuação como educadora e diretora escolar.

Enquanto profissional da educação, tenho trazido todo conhecimento e experiência que tenho vivido com a Educação Parental e a Parentalidade Consciente para dentro da escola e visto pequenas, mas significativas, mudanças na forma de atender às crianças e aos seus familiares.

Apesar do meu trabalho ser, essencialmente, administrativo e burocrático, a educação parental mudou a minha escuta e a minha postura frente aos desafios cotidianos da escola, principalmente no atendimento às crianças.

Um dos conceitos mais importantes que a parentalidade consciente me trouxe é que posso exercer meu papel como mãe, educadora e gestora, enquanto me atento a esse processo no momento em que acontece.

Hoje, sou capaz de concentrar minha energia e empenho naquilo que realmente importa no momento presente e traçar as prioridades para melhor atender o meu principal público: a criança.

Embora não exista uma pauta de discussão sobre o desenvolvimento da parentalidade e os cuidados com crianças no contexto escolar, tenho encontrado espaços para que a reflexão alcance os educadores em conversas, muitas vezes informais, no atendimento às famílias em reunião de pais, mas, principalmente, na forma como acolho e ouço a criança quando esta solicita atenção.

Quando defendo que a educação parental é mais que uma profissão é um estilo de vida, porque acredito que ela seja um caminho de autoconhecimento que traz a reflexão sobre como posso estabelecer um relacionamento mais efetivo e agradável com os filhos, os alunos e com os adultos de nossa convivência.

A parentalidade consciente possibilita a cada dia compreender que, por detrás de cada expressão e movimento, seja da criança ou do educador e colaborador que atua na unidade escolar, há uma necessidade gritando para ser atendida. E o meu papel é mediar esse movimento e pavimentar caminhos que levem ao encontro de soluções, de descobertas, construídas coletiva ou individualmente, de forma recíproca.

As famílias buscam na escola um espaço seguro e acolhedor. Entendendo isso, a um ano mudamos a maneira de receber as crianças na entrada da escola, pois essa era uma demanda trazida pelos pais que se sentiam inseguros aguardando a abertura dos portões na calçada. Parece simples, mas esse pequeno ajuste mudou a relação das famílias com a escola a ponto de considerarem a nossa unidade um lugar seguro e que se preocupa com o bem-estar de seus filhos.

São esses pequenos *feedbacks* vindo das famílias e das próprias crianças que me motivam e me fazem acreditar que a Educação Parental, antes de tudo, deve ser um exercício pessoal, fluido e natural como o respirar.

No momento, mesmo não atuando diretamente como Educadora Parental, estou feliz com o exercício da função de diretora escolar e, mais que qualquer outro profissional, tenho um celeiro vasto que me propicia ter um olhar diferente daqueles que atendem uma família ou uma criança. Conheço-as em seu ambiente social, em convivência direta com outras crianças e relações política e pedagogicamente pensadas, dirigidas e voltadas à consolidação de habilidades e competências socioemocionais.

Durante essa curta jornada, desde que decidi estudar sobre educação parental, tenho tido o privilégio de compreender, como afirma M. J. Silva em *"As Crianças Não Fazem Birras, 2017"*, que as crianças nos pedem constantemente por conexão mais do que estrutura ou limites. E assim, como a autora, se não fossem por essas crianças (meu filho e os alunos que atendo) que cruzaram o meu caminho eu não teria chegado até aqui, defendendo o que hoje acredito.

Ainda há um grande caminho a ser percorrido por nós educadores parentais, pois ainda há muita resistência à mudança, muito desconhecimento, falta de disponibilidade consciente e afetiva por parte de muitos pais e educadores que não aceitam práticas educativas que não incluam castigos, ameaças, punições.

Defendo que não há como dissociar o fazer pedagógico do cuidado com a criança e adolescente dentro das instituições de ensino. E trazer à discussão o desenvolvimento da parentalidade e cuidados para com os educandos e, por que não, aos educadores também, tem se feito urgente e necessário nos dias de hoje.

É necessário desmistificar que, enquanto educadores parentais, nós defendemos uma educação livre de regras e cheia de permissividade. Ao contrário, acreditamos que é na família que se dão as maiores oportunidades de aprendizagem e evolução do ser humano. E se desejamos ter filhos que contribuam com esse mundo, não conseguiremos fazê-lo sem intencionalidade, valores, amor e dedicação, muita dedicação. E o mesmo se aplica no contexto escolar.

Para que nossas crianças desenvolvam atitudes saudáveis elas precisam da ajuda e do exemplo dos adultos de referência. Com atitudes simples e cotidianas, é possível oferecer uma educação empática, encorajadora e afetuosa.

Não sou a mãe ou a profissional perfeita, pois não existe a perfeição. Existe a expansão, o aperfeiçoamento e a transformação que, de posse dos conhecimentos e das ferramentas adequadas, refletem no meu modo de sentir de fazer pedagógica e socialmente.

Não sou especialista em parentalidade, sou apenas uma navegante dessa estrada como aprendiz. Sou uma mãe que acredita que as crianças nascem e existem para aprendermos a transformar-nos e curar-nos. Para nos ensinar sobre o amor, paciência, perdão e sobre nós mesmos. Eu acredito que cada um de nós, seja em casa ou em sala de aula, ou no ambiente de trabalho, pode ser a mudança, a atitude, que queremos ver no mundo.

Como mãe e educadora, acredito que cada um de nós tem a missão de fazer a diferença na vida de seus filhos e de seus alunos. E este deve ser nosso maior legado.

Hoje, posso ser uma minoria dentro de uma instituição escolar a acreditar no poder da educação parental. Mas também posso ser a via de entrada para que outros concluam o trabalho que estou começando.

Nesta grande seara, não me preocupo se vou ser a que planta, rega ou a que colhe, desde que a boa semente germine e dê bons frutos no futuro, mesmo que eu não os veja.

Hoje carrego a certeza de que não fui eu que escolhi o meu trabalho. Foi o meu trabalho que escolheu a mim. E posso fazer a diferença onde estou e fazendo o que mais amo fazer: ser mãe do Álvaro e estar no chão da escola.

* * *

Você nunca sabe a força que tem,
até que a sua única alternativa é ser forte.
Johnny Depp

8.
MINHA TRANSFORMAÇÃO AO RECONHECER MEU PAPEL NA EDUCAÇÃO PARENTAL

ERIKA ANUNCIAÇÃO

RESUMO

Reconhecer meu papel dentro da Educação Parental, foi fundamental para que eu pudesse entender a importância do que já fiz até aqui e enxergar o mundo de possibilidades que tenho à minha frente.

CURRÍCULO

Bacharel em Turismo; Pós-Graduanda em Psicopedagogia Clínica; Capacitação em Síndrome de Asperger e Dislalia; Educadora Emocional com foco em adolescentes e Educadora Parental em certificação pela Amar e Acolher; Curso de Palestrante e Certificação em Coaching pelo Movimento Vida Plena - Polozi; Formação em Psicologia Positiva e Inteligência Emocional pelo Instituto Invictus; Curso Combatendo a Ansiedade - Augusto Cury; Formação e Certificação em Inteligência Emocional pelo Instituto Brasileiro de Coaching; Grupo de estudos SERMEP – Ser mais Educador Parental; E diversos cursos na área de desenvolvimento humano.

CONTATOS

- 79 98893-0616
- @euerika_anunciacao
- euerikaanunciacao@gmail.com

Minha história com a Educação Parental iniciou nos bastidores de uma empresa de Formação. Vi a empresa crescer. Conversei com diversos alunos. Ouvi a história de alguns e os orientava! SIIIIM! Eu orientava as alunas em como caminhar, como crescer, como divulgar, como ir pra ação. E eu??? Não estava me divulgando. Não tinha agenda. Não tinha tido coragem de fazer algo que já era vontade minha: auxiliar adolescentes e mulheres a conhecerem sobre suas emoções e a entenderem mais sobre si.

Quando surgiu o projeto sobre o livro, não me achei capaz de fazê-lo. afinal eu não era uma Educadora Parental. Não tinha clientes e nem sou mãe ainda, para ao menos, falar que estou usando o que aprendo com meus filhos. Foi então, que em uma reunião do SERMEP no dia 30/03/2023, decidi que queria estar aqui escrevendo essas linhas. Mas como? Essa pergunta surgiu e a Ana Paula conseguiu clarear e me mostrar a importância do que fiz nos últimos 2 anos nessa área, mesmo sem atuar diretamente. Ela me deu todo apoio e enxerguei que seria capaz.

Vamos ao início de tudo!

Fui a criança que gostava de falar, de apresentar; queria ser "Artista" - ainda me pergunto o que isso significava pra uma criança de 5 anos - o teatro fez parte da minha infância e início da adolescência. Sonhava com palco e com a plateia (risos). Hoje, acredito que isso já era um sinal sobre meus desejos!

Me recordo de ler um livro do Roberto Shinyashiki, eu tinha uns 12 anos, e ali me apaixonei pelo autoconhecimento, amava conhecer histórias. E, depois dali meu amor por saber sobre as lutas e superações de outras pessoas só aumentou. Mas, não imaginava como isso poderia ser uma profissão, mesmo conhecendo áreas correlatas, me formar nelas não era uma opção naquele momento. Fui (e ainda sou) a conselheira, a ouvinte, a que tem uma palavra ou um texto que toca o outro. Foram longos anos até chegar aqui e entender a importância de meus escritos e das minhas falas; dos abraços e de ser "apoio".

Trabalhei em diversos ramos. Empreendi; fui da CLT ao CNPJ, e uma dúvida persistia: "Afinal, o que eu vou fazer?" Até que entendi que o meu propósito era trabalhar as **PESSOAS**, e com pessoas. Percebi que as áreas que eu empreendi lidavam com sonhos, com autoestima, AMO ajudar pessoas a se enxergarem melhor, a verem a vida sob uma nova perspectiva, a conquistarem algo e perceberem que elas podem ter uma vida leve e gostosa de se viver. Em 2015 confessei à uma amiga o que queria fazer (palestrar para adolescentes); finalmente, tive coragem de abrir o que havia na minha cabeça pra alguém, mas ainda assim eu pensava: "Como e sobre o quê?". Mas, Deus é tão maravilhoso que faz as coisas no tempo d'Ele e não no meu.

Foi então, que em 2020, comecei a trabalhar em uma escola; lidava com alunos do 6°ano ao pré-vestibular. Mas era o Fundamental 2 que brilhava os meus olhos; eles me procuravam para conversar, confidenciar, pedir conselhos e, muitas vezes, era só pra um abraço mesmo! Como sou grata à Deus por me colocar lá. Eu nunca havia pensado em trabalhar na área escolar, mas, posso afirmar que foi a minha melhor experiência CLT. Encontrei minha identidade profissional. Oferecer às pessoas o que elas têm de melhor. Ou seja, em se tratando de crianças, adolescentes e adultos, o saber olhar e o saber ouvir têm significado e sentido que transformam. Esta, com certeza, foi a minha maior descoberta e minha melhor realização, tanto profissional, quanto pessoal.

Essa nova necessidade - descoberta - precisa de conhecimentos específicos, que só a minha intuição e os meus saberes empíricos não eram suficientes. Senti que precisava estudar para conseguir ajudá-los com mais propriedade; usando e aplicando as ferramentas/instrumentos certos, então iniciei a busca e conheci a Oficina das Emoções da Talita Pupo, lá fui eu!

Chegou, então a pandemia. E com ela, o isolamento social. Imagine, eu que gosto de conviver e conversar com pessoas... do nada, sou levada a ficar presa dentro de casa. Nas redes sociais e nos noticiários, a morte era constante... parecia que estávamos condenados à extinção. Esse tipo de coisa mexe com a gente. Mesmo não assistindo tv aberta há mais 1 ano, era impossível não saber de nada, diante de tantas notícias avassaladoras que chegavam diariamente

Então, comecei a estudar. Precisava me entender e equilibrar o que estava acontecendo internamente, já que o externo não estava (e nunca esteve) ao meu alcance. Foi ali, em meados de março de 2020, que comecei a cuidar de mim. Me conhecer foi uma das melhores descobertas e experiências vivenciadas e internalizadas. Consegui fazer uma formação em Coaching em uma empresa que tanto queria: a Polozi Coaching. Participei de diversos cursos on-line e uma frase me despertou "Qual história você conta da sua história?", de José Roberto Marques. Ali, foi mais um passo rumo ao meu autoconhecimento. Qual história eu tinha contado pra mim mesma durante 33 anos? E isso me fez repensar em tudo que eu já havia falado até então, e que, agora, cabia a mim, enquanto adulta, lidar com o que eu entendia como traumas e vazios emocionais.

Por conta do isolamento, não consegui colocar em prática a Oficina das Emoções, pois seria presencial. Então, pensei em algo pra auxiliar os adolescentes e outras famílias - de forma on-line; e criei o "Desafio InterAção Familiar" no meu Instagram. São desafios diários para conexão entre pais e filhos; fiz 2 edições. Na segunda, aprimorei o experimento e ficou mais lúdico, com tabuleiro, imagens para pintar, do jeitinho que eu gosto. Tive algumas adesões e retornos positivos; os participantes precisavam postar os desafios e me marcar. Ficava feliz com cada postagem que via.

Conheci a Jornada das Emoções, da Amar e Acolher. O assunto abordado ali era o que precisava e lá fui eu, aprender sobre as emoções. Agora, de forma mais profunda e com uma boa base teórica! Me dediquei aos estudos e no módulo 1 da Jornada foi onde entendi sobre valores e consegui compreender muitas ações que já tive na vida e o motivo que algumas me doíam tanto. Conheci sobre forças e descobri as minhas; precisei me deparar com minhas crenças e foi uma noite em que recuei, me acolhi e revi tudo que eu acreditei sobre o que eu tinha ouvido até ali. Não foi somente forte e revelador: foi libertador.

Alguns meses depois, decidi abrir a primeira oficina baseada no filme Moana, de um programa maravilhoso da Amar e Acolher que tem diversas oficinas baseadas em filmes, livros, datas especiais. A fiz de forma gratuita; convidei minha irmã, na época, com 12 anos, pedi pra ela chamar uma amiga; chamei a filha de uma prima e pedi pra ela convidar outra pessoa também. Pensei: "terei 4 pessoas!" Programei isso mesmo. Então, perfeito! Mas minha irmã foi a ÚNICA confirmada. Decidi divulgar no grupo do condomínio, em 2 grupos que participava e no meu Instagram; tive apenas 1 interessado, que não apareceu no dia.

Realizei a oficina com a minha irmã com todo afinco. Fui imparcial. Dei o meu melhor ali e fiquei muito feliz com o resultado. Ela me relatou ano passado (2022) que uma das ferramentas (o "pote da gratidão") a auxiliou bastante naquele período.

Parei na primeira divulgação frustrada. E, em outubro de 2020, as coisas foram retomando aos poucos e, por diversas vezes, usei isso como desculpa: "Não dá! não tenho tempo!". Mas, a verdade era que eu não queria me frustrar de novo. Mesmo já entendendo muito sobre mim, conseguindo gerenciar minhas emoções, preferi me poupar de frustrações na área profissional.

Em 2021 já não estava mais na escola. Mudei pra outro estado e recomecei minha vida. Se não fosse o estudo sobre as emoções, todo autoconhecimento intencional que fiz um ano antes, eu não teria começado 2021 tão bem e segura. Mas, Deus já sabia tudo que aconteceria e me permitiu estudar pra que eu me fortalecesse.

O desejo de palestrar, que confessei lá em 2015, já não é apenas para adolescentes. Hoje, quero falar com mulheres que desejam mudar suas vidas, se sentem esgotadas, cansadas de tentar "de tudo" e não sabem que, muitas vezes, é o emocional que não está permitindo que elas tenham coragem de agir, de seguir e de mudar! É trazer a consciência de que uma vida emocionalmente saudável, nos ajudará em todas as áreas.

O mês de abril/23 foi desafiador: crises internas. Vontade de jogar tudo para o ar e falar: "Chega, eu não dou conta!" Choros e mais choros. Conversas e mais conversas. A Ana Paula quem me ouvia, graças aos seus conhecimentos socioemocionais, meus medos, minhas inseguranças e incertezas foram acolhidas. Muito além do profissional, como uma amiga, convidou-me a levantar, a abraçar os meus sonhos e os meus projetos e a continuar. Ela me fez olhar para o percurso e, naquele momento, perceber que a circunstância não definia quem eu era; era um somente, tão somente, momento em que eu me encontrava. Obrigada, ANA!!!!!!

Antes de finalizar, quero falar sobre as crenças, elas quase me derrubaram. Talvez, você, em algum momento, já esteve ou ainda está diante de algumas delas. Antes, porém, uma pergunta se faz necessária: **você sabe o que são crenças limitantes?** Podemos afirmar que a crença limitante é um pensamento ou opinião negativa que foi gerada em algum momento da sua vida e permanece como verdade por muito tempo, podendo te impedir de evoluir em algum aspecto pessoal e/ou profissional. Ou seja, o pensamento de acharmos que não merecemos sucesso ou ficar hospedada em um belo hotel, com um delicioso café da manhã; de achar que não merecemos uma boa roupa, um bom carro ou um passeio no período das férias; de achar/acreditar que o dinheiro deve ser só para pagar as contas... Estas e muitas outras funcionam como crenças limitantes.

Como superá-las? No meu caso, as quebrei quando decidi expor, tornar público, a minha trajetória. Falo, com tranquilidade: **SOU CAPAZ! EU MEREÇO!** E acima de tudo, sou filha de um Pai maravilhoso, que há de honrar toda minha busca. Esse amor por ouvir pessoas, por auxiliar, por servir, não veio de mim, veio d'Ele e creio que agora eu estou pronta para trilhar meu caminho.

Acredite, é possível mudar a sua vida, só cabe a você, entende? Sei o quanto isso assusta, o quanto trava e é por isso que decidi me mover, pois posso te ajudar e ajudar tantas outras pessoas que desejam ter uma vida melhor e nem sequer, sabem por onde começar.

Ah!? Como estou agora? Enquanto escrevo, ainda é maio de 2023. Estou estudando a nova Formação da Amar e Acolher, a FAE (Formação Além das Emoções); procurando um Coworking pra divulgar meus atendimentos; e com frio na barriga em imaginar esse capítulo no livro (risos).

Se quiser saber mais, me procura nas redes sociais, vai ser um prazer dividir um pouco dessa caminhada contigo!

* * *

*"Se você fizer só o que sabe hoje,
nunca será mais do que é agora".*
Kung-fu Panda

9.
A EDUCAÇÃO PARENTAL: RESSIGNIFICANDO O SER, O SENTIR E O FAZER

IOLANDA GARCIA

RESUMO

Sempre achei que fazia o necessário. Depois percebi que a sabedoria e beleza surgem das perguntas e das buscas por novas verdades. Uma crítica sobre minha falta da dimensão humana me incentivou a buscar o autoconhecimento. Esse foi o início dos estudos sobre educação parental.

CURRÍCULO

Sou Iolanda Garcia, casada com Rodney Garcia e mãe da Jessica, Eloisa e do Rodney Júnior. Sou Professora formada em Letras, Pedagogia e mestre em Estudos Literários. Trabalhei na Educação Básica, no Ensino Superior, fui diretora, coordenadora e secretária de educação. Hoje, atuo como Educadora Parental e sou parceira do Curso Coaching Escolar da Parent Coaching Brasil. Realizo assessorias e consultorias para gestores e professores que transformam vidas. Estou no grupo que iniciou a Educação Parental no Brasil e com o SERMEP nessa caminhada.

CONTATOS

65 99961-5654

@iolandagarciacoach

garcia.iolanda@gmail.com

Forte; corajosa; competente; responsável; inteligente; admirável; perfeccionista; exigente consigo mesma; preocupada com o outro; honesta; justa; acelerada; impaciente; por vezes, mergulha de cabeça em projetos... Foram algumas das muitas palavras que eu escutava quando as pessoas me definiam. Confesso que, por muito, tempo isso não me incomodou. Pois, eu entendia que fazia somente o que precisava ser feito. Não tinha nada de determinação ou obstinação. Afinal, tudo que fiz ou deixei de fazer foram por escolhas ou necessidades.

Colocando os pés entre passos, às mãos entre sementes e espinhos e pedregulhos, sou a primogênita de uma série de oito filhos, que experimentou, em tenra idade, cuidar de sete irmãos para que os pais, Francisco (in memoriam) e Maria Alzira, pudessem trabalhar.

A minha vocação de cuidar – educar – crianças iniciou aos seis anos de idade, sob os olhares atentos e exigentes de minha mãe. Vieram os afazeres domésticos e, aos dez anos (1981), assumi a direção da casa: minha mãe começou a trabalhar fora. Dois anos depois, veio meu irmão – o caçula dos homens – e, passada a quarentena, minha mãe voltou a trabalhar. Dois anos depois, veio a caçulinha das irmãs e sobrou para eu cuidar da recém-nascida.

Como toda história tem sua própria história, a minha não poderia ser diferente. Meus pais me ensinaram valores que me fortaleceram e me sustentaram na vida. Tenho muito orgulho deles! Porém, a maneira deles educarem os filhos foi a mesma recebida de seus pais: "eu falo - você obedece"; "eu mando - você faz"; "Se desobedecer, vai apanhar e ficará de castigo"; "Você tem direito de receber o que eu der"; "Criança não participa de conversa de adulto, come o que tem e agradeça". Foi assim que me ensinaram a cuidar dos meus irmãos. Foi desse jeito que ajudei a criá-los, com a mistura das coisas boas que meus pais proporcionavam.

Com apenas dezoito anos, iniciei minha militância educacional, mergulhei – embora não saiba nadar – no universo do ensino escolar. Naquela época, eram poucas as pessoas como formação em magistério ou licenciatura. Com ensino fundamental completo, me tornei professora em uma classe multisseriada. Dois anos depois, eu ingressei no projeto de magistério "Homem Natureza." As aulas eram nos períodos de férias, julho e janeiro. Foram três anos de muita pesquisa. Dessa experiência, eu aprendi que a beleza e a sabedoria não são encontradas nas respostas que nos dão ou nas soluções que nos apresentam: elas são frutos de nossas perguntas, de nossas buscas por novas verdades efêmeras.

Entre estudos, trabalhos, militância em movimentos populares e pastorais, em 1992, me casei e concluí o magistério. Veio a maternidade. Na sequência, 1993, 1995, 1997, nasceram três filhos: duas moças e um rapaz. Como educação de filhos, tinha como parâmetro aquela recebida de meus pais. E agora, o que fazer? Hoje, diante dos conhecimentos adquiridos, essa pergunta seria facilmente respondida. Comecei fazendo exatamente como fiz com meus irmãos e repetindo o comportamento da minha mãe, até o dia em que meu esposo perguntou por que eu estava gritando, se todos estavam próximos. Nós que, à época de namorados, prometemos que não repetiríamos os mesmos erros de nossos pais. Imagine, olharmos para o modo como fomos educados e nos perguntarmos se era esse o tipo de educação que ofereceríamos aos nossos filhos... Não significou uma ruptura com o passado, com os vínculos e os valores de nossos pais; foi inaugurada outra possibilidade de relação parental, diante do pouco que sabíamos e do muito que queríamos. Se me perguntarem: "Você, hoje, educaria seus filhos do mesmo jeito?" Eu evocaria a figura da mãe da minha mãe em relação ao filho dela para explicar essa mudança conceitual, atitudinal e afetiva para com a educação de uma criança. Antecipando a outra pergunta inevitável em nossa área de atuação, a relação que construí com meus filhos é marcada pela confiança, admiração e, é claro, pelo olhar coruja da mãe que ocupa, acompanha, apoia e orienta a carreira e a vida de seus rebentos.

Entre buscas e aprimoramentos, vieram as graduações, especializações e mestrado. Entre estudos, os tempos destinados aos Congressos, Seminários, Conferências e Audiências Públicas ocuparam parte de meu tempo, de minha vida, restringindo meu tempo para a vivência familiar, social, cultural e recreativa. Eu achava tudo isso normal.

Como toda normalidade, dependendo dos olhares, se apresenta como uma anormalidade. Em 2013, em um evento formativo, com mais de 80 participantes, foi desenvolvida uma dinâmica em que as pessoas passavam na nossa frente, uma de cada vez, e diziam uma palavra de como nos viam, nos percebia. Eu ouvi todas as palavras dirigidas a mim e mencionadas no início desse texto. Eu tinha muitas qualidades, todas voltadas ao meu fazer profissional. Mas, faltava a dimensão humana. Nenhuma palavra sobre ser feliz, ser amiga, ser companheira. Justamente eu que cuidava dos outros, que mergulhava de cabeça em meus afazeres e compromissos profissionais; que oferecia o melhor de mim naquilo que eu me propunha a fazer. Eu que estava sempre preocupada como bem-estar dos outros.

Foi uma bomba! Me desconcertou, admito. Mas, como toda percepção exige olhares novos e outras tantas especulações, fui auto convidada a estudar sobre desenvolvimento pessoal, o autoconhecimento, de modo a entender o que, de fato, eu estava fazendo comigo ou contra mim que levada eu ser percebida como um eu sem mim. Ou seja, se eu faço e faço bem-feito, profissionalmente falando, por que as dimensões que envolvem a afetividade, o acolhimento, a alegria e a felicidade não foram percebidas pelos meus pares? Posso afirmar que este foi o gatilho, na perspectiva da psicologia, que despertaria em mim o interesse e a paixão pela educação parental.

Em 2014, aceitei o desafio político pedagógico de ser dirigente municipal de educação. Nesse período, eu estava na metade do mestrado. Entre tantos entretantos, fez a diferença em minha vida e em minha carreira profissional o apoio das pessoas, tanto do círculo familiar e profissional, quanto fora dele, que eu não saberia como retribuir a cada um, a cada uma. Com essas forças emocionais, afetivas, sociais e profissionais, cultivei a superação, o perdão, o companheirismo, a gratidão. Essas demonstrações de apoio contribuíram para que eu me tornasse uma pessoa melhor graças a outras pessoas.

No ano seguinte, na busca pelo autoconhecimento, fui apresentada à coach Giseli Moreira. Achei o processo maravilhoso. Em 2017, fiz especialização em Gestão de Pessoas e Coaching. Me dei ao direito de fazer um processo de coaching com Ana Katia Sampaio, o que contribuiu para germinar a semente plantada anteriormente, e se apresentou como divisor de águas. De posse dos conhecimentos, entendi que, com a iminente aposentadoria na carreira do magistério, eu precisaria dar visibilidade e continuar a contribuir para com a educação, para com os cuidados emocionais, afetivos e sociais que essa nova área humana oferece, proporciona.

Buscando informações sobre Coaching e suas áreas de atuação, entre uma e outra pesquisa, encontrei Jacqueline Vilela, e comecei a fazer os cursos dela, tornando-me Coach Teen, Escolar, Vocacional e a Formação completa do Expert e, depois, Educadora Parental.

Em 2018 apliquei o Coaching Escolar, da Parent Coaching Brasil, na escola em que eu trabalhava e consegui observar grandes transformações nas relações, nas percepções e nos modos de fazer da comunidade escolar. Estive no palco do Primeiro Congresso de Educação Parental - SP, relatando o caso de um aluno que tinha um plano para matar muitas pessoas na escola e, que, graças aos conhecimentos que adquiri na formação profissional, evitamos uma tragédia e, juntamente com a família, conseguimos atendimento clinico especializado para este adolescente.

Neste mesmo ano, nesta mesma escola, graças aos conhecimentos derivados da educação parental e do nosso compromisso para com a vida, uma adolescente recebeu foto de dois colegas dizendo que tinham tomado veneno e, de imediato, ela entrou em contado com comigo na escola e consegui mobilizar a família e as forças de segurança, resgatar os dois adolescentes e evitar o aumento das estatísticas de suicídio nessa faixa etária. Só não evitamos os efeitos colaterais causados pela ingestão de produtos químicos. O nosso conhecimento em Educação Parental, mais uma vez, entrou em campo para orientar as famílias a acolherem seus filhos e a buscar ajuda especializada de profissionais na área da saúde. Assim, os conhecimentos proporcionados pelo Coaching e as ferramentas foram cruciais para a condução dos trabalhos escolares, acalmar os ânimos no ambiente escolar, bem como para debelar duas situações que poderiam ter desfechos trágicos.

Para além do enfrentamento de situações trágicas e potencialmente trágicas, introduzimos no ambiente escolar o Projeto "A Caixinha do Bem", que consistia em uma caixa onde, semanalmente, os estudantes depositavam cartinhas contando suas dores ou colocando suas dúvidas, e um grupo de alunos e eu respondíamos aos anseios e às aspirações, as colocávamos no mural. Com esse projeto, conseguimos uma rede de apoio para meninas e meninos que tinham sido violentadas, que estavam sendo espancadas pela família. Mapeamos adolescentes que precisavam de acompanhamento especializado nas áreas comportamentais, dentre outras coisas, e os encaminhamos aos órgãos e serviços competentes.

Em 2019, firmei parceria com Parent Brasil, com a Jacqueline Vilela, para desenvolver a cultura de Coaching na escola em que eu era a diretora. Com os conhecimentos e as ferramentas adequadas, tivemos sucesso nas reuniões de pais que conseguimos aumentar de 19% para 81% a presença da família nas reuniões; desenvolver encontros com os professores; fazer grupos com os alunos e, consequente, o desempenho acadêmico refletiu positivamente nas avaliações escolares e nas avaliações externas – Secretaria Municipal de Educação e IDEB.

Em 2020, quando a pandemia praticamente parou o mundo, as certezas e as verdades que tínhamos, até então, não se aplicavam a essa nova e assustadora realidade. Neste momento, redescobri o mundo online e ampliei a rede de contato com várias pessoas que estudam educação parental. Foram horas e horas de estudos, *lives* e *web*-encontros para compreender a nova realidade, bem como os dramas pessoais e profissionais derivados desse forçado enclausuramento de famílias inteiras. Foi um momento em que pude, de perto, vivenciar a educação parental no meu ambiente familiar e, de forma admirável e gratificante, conversei com meus filhos e eles me apresentaram o quando eu conseguia ensiná-los e deixá-los felizes com o amor que receberam.

No ano seguinte, veio a tão esperada aposentadoria. Com a nova profissão encaminhada, o foco na formação de professores, iniciado em 2019, ganhou a web; foram vários encontros para orientar, apoiar e, em muitas vezes, ensinar os profissionais da educação a utilizar as tecnologias em favor do ensino e da aprendizagem. A conquista mais importante foi a de ter a companhia do meu esposo no 2º Congresso Internacional de Educação Parental; isso foi uma mudança muito grande em nossa vida, não só por ele conhecer sobre o que eu estava buscando, mas para ajudar em nossos diálogos, nas conversas com os filhos e com os alunos. Foi maravilhoso compartilhar essa caminhada, tanto que repetimos a participação no congresso seguinte.

Em 2022, além de participar do 3º Congresso Internacional de Educação Parental, conheci a Mia Oven, fundadora da Academia de Parentalidade Consciente proposta que exige tomada de consciência sobre nossas próprias dores, angústias, medos e alegrias; pressupõe abandonar os julgamentos e priorizar as necessidades de cada um, sem transferir as próprias expectativas para as crianças.

Mesmo com tantas formações, leituras, palestras, a definição de Educadora Parental, compreendendo que este é um processo em permanente ressignificação pela complexidade e especificidade de cada caso. Nesse meio, encontrei a Ana Paula e o SERMEP e, juntamente com outras pessoas buscamos diferenciar o Coaching da Educação Parental. Esse novo trabalho, dialoga com várias correntes; tem suas nuances e suas singularidades. Pois, em suas especificidades, um princípio, um valor, as une: a promoção das aspirações e das potencialidades de cada indivíduo.

Ao imaginar que, dentre tantas coisas aprendidas e vivenciadas e em tantos sonhos e realizações na vida, nunca me propus a pensar como seria minha vida se perdesse um dos meus filhos. Mas como a vida é finita, isso ocorreu em primeiro de maio de 2023; meu filho de 26 anos e 12 dias, morreu em um acidente de carro. Muita dor, tristeza, desespero. Ao mesmo tempo, percebo que o conhecer a educação parental me fez, me faz conduzir os dias e a conversar com tantas mães que entram em desespero só de imaginar o que eu estou passando. Foi com essa formação, com o aprendizado de vida que me transformou nessa pessoa capaz de estar à frente da situação e, mesmo com a dor da perda, de viver o luto, de chorar, consigo expressar gratidão por ser mãe desse filho maravilhoso e de apreciar o tempo que vivemos juntos. De agradecer às filhas maravilhosas que tenho. De reconhecer o apoio incondicional de meu esposo neste e em outros momentos. De ter uma rede de amigos e familiares que me apoiam. É na soma dessas partes, de cada gesto, de cada transformação, que eu continuo contribuindo com outras pessoas.

Conhecer sobre a educação parental não significa ficar livre de problemas, de dores, significa que ao passar por eles mais consciente você poderá se reconectar com o seu eu com mais facilidade.

* * *

*"Adquirir consciência a respeito de um determinado mecanismo
que provoca dor transforma, cada um em responsável"*
Laura Gutman

10.
EDUCAÇÃO PARENTAL: NÃO É FÁCIL, MAS TRANSFORMA

LILIA CALDAS

RESUMO

Lília Caldas, Educadora Infantil, descobriu que a Educação Parental já fazia parte de sua vida. Ela busca romper ciclos nocivos e apoiar famílias na construção de histórias saudáveis, tornando-se naturalmente uma Educadora Parental. Atualmente, ela se dedica a aprimorar suas habilidades para oferecer atendimentos de qualidade, acreditando que a Educação Parental é desafiadora, mas transformadora.

CURRÍCULO

Educadora infantil certificada em Early Childhood Education na Austrália. Educadora parental na abordagem Parentalidade Consciente, com certificação pela Positive Discipline Association. Certificada no curso First Nations' Perspectives For Teaching and Learning pela Queensland University off Technology. Apaixonada por desenvolvimento humano e pela infância. Estuda os benefícios do contato com a natureza para as crianças, sexualidade infantil e transtornos de desenvolvimento. Dedica-se ao desenvolvimento de projetos que visam a prevenção ao abuso sexual infantil. Vive há mais de 12 anos em Brisbane, Austrália, onde atua em creches e escolas, vivenciando a educação local.

CONTATOS

- 61 44768-9362
- @liliacaldasoficial
- liliacaldas_education@gmail.com

Em um dia ensolarado, eu acompanhava um menino que brincava esguichando água com uma mangueira. Eu estava preocupada com a possibilidade de molhar outras salas ou alguém, não queria que perturbasse ninguém ou sujasse algo. Enquanto isso, ele corria, gritava e gargalhava.

Aquele menino era puro prazer, presença e alegria. Ele olhava tão encantado para cima, observando o trajeto da água e tinha o semblante tão maravilhado que, tomada por tamanha intensidade, entrei na brincadeira. Eu precisava ver o que aquela criança via, entender o que ela sentia.

Somente quando já estava em meio às gotículas, percebi a magia. A luz do sol fazia de cada pontinho de água um prisma, as gotas maiores pareciam diamantes flutuantes naquele céu azul e nós estávamos em meio a um emaranhado de raios coloridos, brilhando por todos os lados. Era realmente fantástico o que aquele garoto estava vendo e agora eu também podia ver.

Lembro-me desse episódio claramente e, com muito amor, por isso quero usá-lo como uma ilustração para o que procuro fazer em todos os meus dias de trabalho: eu busco enxergar através do olhar da criança.

Tendo começado a minha carreira na Educação Infantil, o ato de entender quem é a criança e quais suas necessidades, têm sido um exercício diário que estendi para a Educação Parental. Hoje, busco auxiliar pais, mães e/ou cuidadores dessa criança, em uma jornada de compreensão e acolhimento, sempre com foco na postura e diálogos assertivos a fim de contribuir para o bom desenvolvimento infantil.

Claro, não posso dizer que todas as experiências são poéticas ou lúdicas como essa; afinal, a prática da Educação Parental não é nada fácil, mas é potente e transformadora!

COMO TUDO COMEÇOU

A Educação Parental entrou na minha vida sem grande planejamento ou formalidade. Antigamente, quase nem se falava em Educador (a) Parental. Na verdade, aconteceu sem que eu percebesse. Foi um caminho natural.

Eu sempre gostei de crianças e sempre estudei sobre comportamento humano, educação, infância. Além disso, tenho um compromisso particularmente especial com as famílias. Por ter vindo de uma família disfuncional, escolhi contribuir para que ciclos violentos não se repitam. Decidi que histórias ruins não seguiriam, iriam cessar em mim. Assim, comecei instintivamente contribuindo com o que estava ao meu alcance para que futuras gerações tenham lares afetuosos e funcionais.

Quando eu vim morar na Austrália, onde vivo há 12 anos, buscava auxiliar famílias, amigas, pais e mães com as demandas que surgissem. Mulheres que vêm do exterior morar aqui não costumam ter rede de apoio. Enfrentam desafios diversos que vão desde questões com a logística até enfrentamentos emocionais. Então, eu oferecia suporte da forma que fosse mais efetiva: auxílio com as tarefas diárias, ombro amigo ou orientações.

Elas ficavam agradecidas e eu, feliz por poder ajudar. Quando outras mulheres estavam passando por situações parecidas, elas compartilhavam as experiências, sugerindo que eu poderia auxiliá-las também. Isso tudo aumentava meu senso de responsabilidade. Assim, buscava mais informações e conhecimento. Acabei, com isso, aprofundando meus estudos no desenvolvimento infantil e neurociência. Parti para a Educação Infantil. Fiz certificação em *Early Childhood Education* na Austrália, e comecei a atuar em Brisbane, onde sigo trabalhando em creches e escolas. Minha atuação sempre focou no respeito ao indivíduo, no reconhecimento das demandas da criança e na criação de ambientes propícios ao bom desenvolvimento.

Quando, as redes sociais se fizeram mais presentes em nossas vidas, passei a fazer contato com famílias e profissionais de outras localidades, o que ampliou meu campo de aprendizado e permitiu-me perceber, através dos comentários nos bate-papos das *lives*, que as mães se sentiam culpadas, cansadas e perdidas, sem saber o que, de fato, poderiam fazer face à nova realidade. Compadecida, eu enviava sugestões buscando auxiliá-las. Ao checarem no meu perfil e descobrirem que sou educadora, seguiam-me e, quase sempre, um pedido de orientação, um grito de socorro.

Na época, eu não precificava. Ainda acreditava estar fazendo pouco. Minha intenção era apenas a de ser um suporte para aqueles pais, mães e cuidadores. Contudo, os *feedbacks* que recebia me motivaram e me confirmaram que existia mais uma missão além da Educação Infantil. Elas me diziam, "Você ajuda as mães!", "Você melhora a qualidade de vida delas!".

Quando veio a pandemia e as famílias ficaram isoladas com os filhos em casa, distantes fisicamente das escolas, as demandas aumentaram muito e as interações *online* passaram a ser ainda mais frequente.

Com isso, acabei percebendo que a Educação Parental veio para contribuir com a minha missão em ajudar na construção de histórias familiares férteis, saudáveis e funcionais. Portanto, para honrar meu compromisso para com a infância, além da Educação Infantil, eu precisava servir a esses pais, mães e cuidadores através da Educação Parental.

A ABORDAGEM

Embora, eu ainda sonhe em ver a atividade de Educador(a) Parental regulamentada, hoje vivemos em um novo cenário. Já caminhamos bastante. Temos mais livros específicos, cursos, certificações e congressos. Temos uma metodologia estruturada, profissionais de referência na área e uma comunidade se fortalecendo.

Atualmente, trabalho como Educadora Parental através de atendimentos presenciais e online dentro da abordagem de Parentalidade Consciente, com certificação em *Positive Discipline Association*. E continuo me capacitando para executar a metodologia, visando excelência nos atendimentos e resultados.

Sigo, também, estudando temas correlatos às áreas de interesse da Educação Parental, como neurociência, comportamento infantil, transtornos de desenvolvimento, benefícios do contato com a natureza para a criança e sexualidade infantil. Além disso, tenho me dedicado para o desenvolvimento de projetos visando a prevenção ao abuso sexual na infância. Mas, isso, claro, tendo sempre como alicerces o acolhimento, o afeto e a sensibilidade, que são a essência do meu trabalho.

Já publiquei alguns trabalhos que podem dar uma ideia sobre a linha que sigo. Sou coautora do livro *Orientação Familiar Vol. 2*, responsável pelo capítulo "A criança e a natureza", do livro *Educação e Afeto*, com o capítulo "Afeto contra invisibilidade" e do livro *Professores Extraordinários*, com o capítulo "A força da vulnerabilidade dos professores extraordinários". Também participei do *Box Intenção de Mãe* que é composto por um livro e 50 cartinhas de psicoeducação.

Em suma, minha abordagem está alicerçada no olhar da criança e na percepção parental sobre as próprias histórias a fim de conhecer seus porquês e curar as próprias feridas. Por que trabalho com tal foco? Porque tem benefícios para todos. A criança normalizada com as suas emoções tem suas necessidades atendidas e se desenvolve bem. Além disso, a percepção e aceitação das próprias memórias e emoções contribui para que os pais exerçam a educação conscientes dos objetivos e métodos aplicados.

Resumindo, a educação parental oferece benefícios para todos, pois, promove a conexão. O relacionamento é melhor, a rotina funciona melhor, os pais ficam bem, tudo funciona melhor. É como dizem Daniel Siegel e Mary Hartzell, no livro *Parentalidade Consciente*, "à medida que crescemos e nos entendemos, podemos oferecer uma base de bem-estar emocional e segurança para que os filhos floresçam."

Contudo, embora pareça simples, essa não é uma tarefa fácil. A ideia de que nasce um filho, nasce um pai ou uma mãe não é unânime. Dorothy Corkille Briggs diz, em seu livro *A autoestima do seu filho*, que "o fato de alguém tornar-se pai ou mãe não lhe confere automaticamente a capacidade de criar filhos confiantes, seguros e capazes de viver como pessoas em perfeito funcionamento e que possam ter uma vida significativa."

Quando começo a refletir sobre o que se carrega de bagagem a partir de uma educação tradicional, lembro-me de uma ilustração que vi certa vez. Peço licença para descrevê-la. É uma imagem forte. Chocante. Mas não quero que seja recebida como uma crítica e sim como um convite à reflexão. Trata-se de um pai representado de costas surrando o filho. Ele deixa as marcas das suas mãos no bumbum da criança enquanto exibe no próprio dorso os registros de palmadas sofridas na sua infância ainda sangrando.

Ao educar, é preciso olhar para as próprias feridas e buscar posturas assertivas dentro de um ambiente funcional. Como esclarece Laura Gutman no livro *Uma civilização centrada na criança*, "boas intenções não bastam. Nossos pais tiveram boa vontade. Nossos avós tiveram boa vontade. No entanto, estavam emocionalmente feridos, e por isso não conseguiram sentir nem administrar a vida cotidiana a favor de nossas necessidades sutis quando ainda éramos crianças pequenas."

E mais que isso, é preciso saber que nossos pais usaram o que havia de recursos na época. Faziam, muitas vezes, com amor.

Acreditavam, por exemplo, que bater era uma ferramenta eficiente para educar. Assumiam, assim, a postura rígida como sendo a melhor alternativa para formação do caráter. Como diz Carlos González no livro *Bésame Mucho*, "na realidade, em geral os pais até desempenham bastante bem essa função, como o têm feito durante milhões de anos. A maioria dos erros que cometem não foram eles que os inventaram, mas especialistas antes deles."

Cabe às gerações atuais olhar para a educação de forma diferente. É preciso romper ciclos. Como diz Gutman, "não podemos voltar no tempo, mas podemos mudar hoje, em favor do próximo." E é possível ter auxílio especializado durante a jornada.

Para isso, é preciso entender o espaço que o Educador Parental ocupa em uma família. Ele não diminui a grandeza da figura parental na vida dos filhos. Pelo contrário, ele só representa o tamanho da humildade e engajamento que esses pais têm na criação desse filho. Ele vem para auxiliar e somar.

Aliás, os primeiros e maiores educadores da vida de uma criança são e sempre serão pais e mães. Eu costumo dizer que admiro demais pais que vêm até mim. Eles se desprendem de tabus, conceitos prévios e orgulho. Focam apenas no objetivo que é oferecer todo suporte para uma vida plena aos seus filhos.

Shefali Tsabary propõe uma reflexão interessante no livro *Pais e mães conscientes*. Ela diz que a maioria de nós, ao começar uma nova carreira profissional, busca conhecimento, capacitação e aprimoramento. Contudo, quando o assunto é "trazer ao mundo outro ser humano e criá-lo", que é uma das "tarefas mais desafiadoras", tem resistência em fazer da mesma forma.

O DIA A DIA NA EDUCAÇÃO PARENTAL

É claro que encontrei, assim como meus colegas, muitos desafios ao longo da jornada. Alguns deles estão justamente nas feridas que os pais carregam da infância. É frustrante quando coloco algumas questões para os pais e encontro-os endurecidos emocionalmente. Pode ser difícil para adultos que, por exemplo, foram criados tendo suas necessidades fisiológicas e emocionais negligenciadas, ouvir que a criança está apenas comunicando uma demanda legítima.

Percebi, ao longo da jornada, a importância de trabalhar em mim e com os pais que acompanho o reconhecimento da própria responsabilidade diante do nosso sentir com os filhos. Os incômodos que sentimos pouco tem a ver com o comportamento das crianças. Por isso, precisamos investigar primeiramente nossos sentimentos e reações para, depois, auxiliar a criança.

Além disso, aprendi que não se pode ir direto ao assunto, mesmo que tenha identificado questões a serem trabalhadas logo nos primeiros minutos de conversa, justamente para não causar resistência. Aliás, a comunicação é fundamental no acompanhamento. Tanto a minha comunicação com os pais quanto a dos adultos com a criança precisa ser assertiva. Existe um histórico de dificuldades comunicacionais em famílias e o bom diálogo é saúde familiar.

Então, primeiro faço uma anamnese. Busco conhecer os pais, os filhos, a família. Levanto informações sobre seus princípios e estilo parental. Conheço a história deles, questiono o que querem para os filhos; descubro seus sonhos; pergunto sobre os gostos e até hobbies. Instigo reflexões.

Enquanto isso, procuro reforçar a confiança deles na própria parentalidade; aponto suas atitudes de comprometimento e os ajudo na desconstrução de rótulos. O fato de ter desafios na educação dos filhos não desabona a parentalidade; pelo contrário, só faz desses pais pessoas reais. Além disso, não acredito em um acompanhamento que gere dependência. A intenção é que eles encontrem o que estão buscando e possam seguir livres, com seus filhos.

Dessa forma, quando chega o momento oportuno para tratarmos das questões, uso um entrelaçamento de conhecimentos e estratégias que mesclam afeto, olhar sensível e ciência para desenhar os métodos e recursos que serão utilizados para aquela família.

SOBRE A MISSÃO

Sou apaixonada pela família, pela educação infantil e pela infância. Para viver meu propósito, além de atuar profissionalmente com crianças, eu queria ser mãe. Porém, o que estava por vir era um momento ruim. Cheguei até a avaliar o abandono da carreira. Foram algumas desoladoras tentativas de engravidar que me fizeram questionar a permanência na educação.

Em meio a esse turbilhão, veio até mim uma criança em sofrimento. Ela estava sendo abusada sexualmente. Eu pude ajudar. O destino dela foi mudado. E eu tive ali a confirmação do meu propósito de vida e da minha missão. Aquilo foi o sinal de que minha escolha por auxiliar na quebra de ciclos e no rompimento com histórias de violência estava correta.

É por isso que trabalho diariamente para ser o apoio especializado aos pais, mães e cuidadores no exercício da sua nobre missão de educar seres humanos que serão o futuro do mundo.

Considero as crianças um convite para a presença, para o autoconhecimento e crescimento. Eu aceito viver isso a cada dia, em cada atendimento, em cada brincadeira. Eu escolho olhar pelos olhos delas, ter uma comunicação assertiva e atitudes funcionais. Eu vejo a beleza do emaranhado de luzes sob a névoa de gotículas suspensas pelo jato de uma mangueira e batalho todos os dias para ajudar pais a entrarem sob essa névoa também.

REFERÊNCIAS BIBLIOGRÁFICAS

BRIGGS, Dorothy Corkille. *A autoestima do seu filho*. São Paulo: Editora Martins Fontes, 2002.

GONZÁLEZ. Carlos. *Bésame Mucho*. São Paulo: Editora Timo, 2015.

GUTMAN, Laura. *Uma civilização centrada na criança: Como filhos amorosos podem salvar a humanidade*. São Paulo: Best Seller, 2021.

MASTINE, Iara. *Box Intenção de Mãe*. São Paulo: Literare Books International, 2022.

RAYES, Cristiane; ROCHA, Daniela. *Educação e afeto*. São Paulo: Literare Books International, 2023.

RAYES, Cristiane. *Orientação Familiar Vol. 2*. São Paulo: Literare Books International, 2023.

ROCHA, Daniela. *Professores extraordinários*. São Paulo: Literare Books International, 2021.

SIEGEL, Daniel; HARTZELL, Mary. *Parentalidade Consciente*. nVersos. Edição do Kindle.

TSABARY, Shefali. *Pais e mães conscientes: Como transformar nossas vidas para empoderar nossos filhos*. Bicicleta Amarela. Edição do Kindle.

* * *

"Quando seu filho cometer um erro e correr até você e não de você, você terá certeza de ter feito um bom trabalho".

11.
DESCOBRINDO A MINHA MELHOR VERSÃO: UMA JORNADA ATRAVÉS DA EDUCAÇÃO PARENTAL

LUCIANA ABREU GUIMARÃES

RESUMO

Desde sempre, meu maior sonho foi ser mãe. Mas, na minha ingenuidade, pensei que educar fosse algo intuitivo e acabei me tornando uma mãe que não era exatamente aquela que eu sonhava em ser. Foi graças à Educação Parental que eu encontrei o caminho para a maternidade que acreditava ser ideal para a minha família. Descobri uma nova forma de parentalidade que me permitiu chegar mais perto da mãe que eu sonhava ser.

CURRÍCULO

Natural de São Bernardo do Campo, SP, casada, mãe da Lívia (14 anos) e do Felipe (7 anos). Professora, graduada em Ciências Biológicas, Educadora Parental especializada em adolescência e famílias atípicas, Kids Coaching, coaching escolar e de pais pelo ICIJ, Coaching Parental, teen e vocacional, pós-graduanda em Educação Parental e Inteligência Emocional pela Parent Brasil.

CONTATOS

- 11 99681-4869
- @adolescenciasemtraumas
- adolescenciasemtraumas@gmail.com
- www.adolescenciasemtraumas.com.br

Como foi difícil e desafiador conseguir me apresentar como Luciana Abreu – Educadora Parental.

A educação parental foi entrando na minha vida de maneira sutil e gradativa. Tive uma infância feliz, pais presentes. Estudávamos em boas escolas. Viajávamos com frequência. Passávamos nossos finais de semana com a família que era enorme, muitos tios e primos sempre por perto. Não tínhamos motivos para reclamar ou questionar. Não tomávamos decisões nem, tampouco, emitíamos opinião sobre nada. Aceitávamos o que era melhor para nós (eu e meu irmão); afinal, nossos pais sabiam de tudo! Minha mãe era a tia querida por todos os meus amigos, minha casa vivia cheia. Meu pai era e ainda é superprotetor munindo-se dos não como forma de proteção. Os "nãos" eram muito, muito frequentes, aquele "NÃO, POR QUE NÃO!". Lembro de não poder muitas coisas na minha infância e adolescência: não podia ficar até tarde na rua; não podia ir para as baladas; não podia sair sem avisar; e em um desses "nãos" para ir a uma festa, escutei de uma prima a seguinte frase: "tenho certeza de que um dia você vai se revoltar com isso. Ou você se rebela ou você será dominada a vida toda. Um dia você não vai mais aguentar essa proibição toda..." e por aí seguiam as falas dela. Afinal, ela tinha toda a liberdade do mundo, excessiva até para a nossa idade. E eu me lembro que, naquela época, mesmo sem saber o porquê eu nunca desejei ter a vida dela, eu era mais feliz na minha casa, mesmo com todos os nãos que eu recebia. Hoje, percebo que, mesmo sem ter a consciência sobre parentalidade, eu não enxergava na família dela os laços de amor que eu sentia na minha casa. Éramos, e somos até hoje, uma família com todos os problemas que uma família tem, mas nos sentíamos verdadeiramente amados. A superproteção era a maneira que meus pais sabiam, aprenderam, e exerciam a parentalidade.

Fui crescendo e meu primeiro emprego foi com meu pai, onde eu tinha todo o amparo e segurança. Porém, nada de desafios reais com o mundo de verdade, meu pai com todo instinto de superproteção sempre me blindou do mundo! Minha mãe sempre foi minha melhor amiga, e eu sempre a tive dentro de mim. Eu entendo, na verdade, internalizei que jamais poderia decepcioná-la, pois, ela enfrentava "OS NÃOS" do papai para me deixar viver as aventuras da adolescência; e se eu a decepcionasse, a culpa cairia sobre ela. Afinal, meu pai nos queria embaixo das asas dele o tempo todo! Excesso de amor e de cuidado: eu sempre senti esse amor incondicional deles por mim.

Só que a gente cresce, bate asas, casa, precisa tomar decisões. E aí? Como faz isso? Nunca precisei fazer! Meus pais eram meu porto seguro.

Quando minha filha nasceu, eu sentia uma insegurança tão grande. Qualquer febre, pegava o telefone e pedia socorro aos meus pais; parecia que só iria dar certo se tivesse o aval deles. E isso começou a me fazer um mal danado. Afinal, eu já era mãe e precisava achar à minha maneira de conduzir as coisas, de tomar as minhas decisões e de ter autorresponsabilidade sobre as minhas escolhas.

Uma vez, em um jantar na casa de uma amiga, e minha filha, na época, com uns três aninhos, quebrou um enfeite no móvel da sala.

Eu fiquei transtornada, a arrastei para o banheiro dei uma bronca assustadora, disse que ela ficaria ali, presa no banheiro, de castigo pensando no que tinha feito. Quando fui tirá-la do castigo, ela tinha feito xixi na roupa de medo! Eu me senti a PIOR pessoa desse mundo; eu estava sendo um monstro. Ela era somente, tão somente, uma criança. Ela não quebrou por querer; acontece. Mas, o medo do julgamento, de achar que eu não sabia educar, tomou conta de mim e me vi sendo uma pessoa desprezível. E logo eu, que sempre sonhei em ser mãe e tinha plena certeza de que esse seria meu melhor papel. Naquele momento, na condição de mãe, eu senti que tinha fracassado como mãe e como filha. Foi, então, que decidi buscar um novo caminho. Eu não queria que fosse daquele jeito. Eu não queria ser aquele monstro. Eu queria minha filha livre de pressão; livre para ser ela mesma; sem se envergonhar disso. Eu precisava quebrar padrões, me redescobrir para ser a pessoa que eu desejava ser.

Eu precisava me libertar da busca pela perfeição, do medo de ser julgada e daquele modelo parental superprotetor que aprendi; aquele era o meu parâmetro e o meu paradoxo, pois eu mirava na relação parental de meus pais e refutava a dos meus tios. Dessa mistura entre o que tinha feito, o que admirava e o que rejeitava e o que, fato, eu queria, estava eu sem saber para onde ir ou que decisão tomar para ser uma mãe melhor. Muitas mães, muitos que, neste momento, compartilham essa leitura, se identificam com situações dessa natureza e, sem sombra de dúvidas, se perguntam ou perguntaram: "e agora!? O que fazer?! Se tudo que tenho como referência, parâmetro ou modelo, foi aquilo que meus pais praticaram como educação parental

Então, comecei a estudar sobre comportamento humano, desenvolvimento infantil, fases de crescimento, disciplina positiva, educação respeitosa. Passei a ser uma estudiosa do relacionamento humano e sobre o quanto o autoconhecimento e o reconhecimento das nossas próprias emoções têm impacto direto na vida das pessoas que convivem conosco!

Veio, então, o segundo filho, e as dificuldades para conduzir tudo: família, duas crianças em idades diferentes, marido viajando a semana toda a trabalho. Eu: tentando ser uma supermulher; dar conta de tudo; educar com respeito; quebrar padrões; impor que todos ao meu redor deveriam fazer do meu jeito. Virei a chata da educação respeitosa, militando e impondo regras aos quatro cantos. Lá estava eu novamente querendo ser perfeita.

Foi, então, que comecei, de fato, a participar de alguns workshops e aulas sobre disciplina positiva, parentalidade consciente e fui descobrindo novos caminhos. Nessa época, eu já estava sendo a conselheira comportamental de amigas e clientes (trabalhei por mais de 10 anos fotografando famílias, falo disso mais adiante). Foi, então, que procurei, de fato, um curso de formação. Já que era para difundir o que eu estava vivenciando, teria que ser de uma maneira estruturada. A primeira formação que fiz foi o Kids Coaching, no Instituto de Crescimento Infantojuvenil (ICIJ), em 2020. Fiquei apaixonada pela metodologia do programa e as consequentes transformações derivadas e ressignificadas desses novos conhecimentos. Percebi o quanto era fundamental a implementação de uma mudança comportamental na família, para que, de fato, potencializasse o desenvolvimento socioemocional dos filhos. Nessa busca, cheguei aos cursos da Parent Brasil; comecei fazendo o curso de Ferramentas para aplicar com as famílias; passei pelo Coaching Teen e Coaching Vocacional até chegar na pós-graduação em Educação Parental e Inteligência Emocional que, ainda, estou cursando.

Com a chegada da pandemia, meu trabalho como fotógrafa foi diretamente afetado, e eu me dediquei à finalização de meus cursos e dos atendimentos em curso para, então, programar a minha transição de carreira.

Nos dez anos que passei dentro das casas dos clientes, percebia claramente a conexão ou a falta dela em cada lugar que passei; quantas delas os filhos não tinham vínculo afetivo com o pai até com a mãe. Quantos adolescentes eram divertidíssimos comigo e com os pais eram superagressivos. E, ali, eu fui percebendo o quanto eu realmente queria transformar todas as famílias, pelas quais passei, naquela foto que eu sempre acreditei ser o modelo funcional e necessário para a formação de um ser autorresponsável e emocionalmente capaz de seguir seu caminho com confiança e autoestima suficientes para aguentar os desafios da vida.

Nesse ponto, eu já estava mergulhada em tantos conteúdos, possibilidades, caminhos, que me via perdida sem compreender o que eu estava fazendo. Como explicar isso para as pessoas? como mostrar a relevância e transformação que o meu trabalho traria para a vida delas e como poderia, de fato, ajudar àquelas famílias?

Acho que a maior dificuldade que encontrei na Educação Parental foi entender qual era o meu propósito, o meu papel e o que tinha, de verdade, me levado até essa profissão.

Mas, os desafios vão surgindo e o caminho vai clareando para quem está disposto a transformar vidas.

Uma mãe atípica me procurou para atender seu filho TEA entrando na adolescência. E qual foi o meu primeiro pensamento? Não sei como ajudar, não vivencio a realidade dela. Mas, ao mesmo tempo, a vontade e o desejo de transformar famílias, que é tão forte em mim, me fez buscar recursos para que pudesse atendê-la. Cheguei, então, ao PAC e ao SERMEP, que foram fundamentais para que eu entendesse meu papel na educação parental. Foi no SERMEP que descobri por que escolhi trabalhar com fotografia de família, o que sempre me motivou a estar com famílias; foi a certeza de que esta é a base da construção e do desenvolvimento saudável de uma pessoa.

No SERMEP, amadureci profissionalmente. Foi, então, que eu consegui organizar todo meu conhecimento e ter confiança para aplicá-lo de forma transformadora na vida das pessoas. O ano de 2022 foi marcado pelo fechamento do meu ciclo na fotografia e dedicação única e exclusiva à Educação Parental.

Criei com duas amigas – Patrícia Nunes e Sandra Siqueira – o Podcast Reflexões Parentais, com episódios semanais onde refletimos sobre pontos que trazem aflições, dúvidas, medos, desafios e alegrias para nossas famílias. Tratamos sobre os desafios da parentalidade de maneira leve. Refletimos sobre os desafios reais da maternidade, como a educação parental influência e traz ganhos significativos ao dia a dia das famílias. Criamos um clube de leitura com mães de adolescentes, onde promovemos encontros transformadores, proporcionar às mães um espaço seguro para compartilharem dores e aflições da maternidade tem sido uma experiência rica para planejarmos e entendermos a dores reais das mães que atendemos.

Desenvolvemos o programa "Eu, protagonista da minha vida." Ele foi pensado como meio de orientação vocacional para jovens, embasado no coaching vocacional para adolescentes, seguindo normas da BNCC. O projeto foi aprovado pela Fábrica de Cultura de São Bernardo do Campo. A partir de sua aprovação, criamos Workshops vocacionais e trilhas de curta duração, que são aplicados na própria Fábrica de Cultura 2.0 de SBC. Esse projeto tem sido gratificante e transformador na vida dos jovens, desafiando-os a conhecer seus interesses, características particulares e perspectivas, possibilitando que ele se sinta motivado a descobrir ou afirmar o caminho que deseja trilhar. Por meio de encontros, o jovem torna-se consciente da importância de se questionar e de visualizar o futuro através dos seus talentos, forças e habilidades.

Após uma imersão nos desafios das famílias atípicas, através da mentoria PAC (Parentalidade Atípica Consciente) e com toda a organização de instrumentos que eu possuía ao longo das minhas formações, compreendi quais eram as metodologias aplicáveis na intervenção com as famílias atípicas. Realizei uma pesquisa com 70 famílias da comunidade TEA (Autistas). Através dessa pesquisa, mapeei as maiores necessidades e dificuldades presentes nessas famílias que poderiam ser minimizadas através de um programa de educação parental. Consegui, então, tirar do papel uma vontade imensa de criar um projeto para acolhimento de mães atípicas, dando vida ao "Programa Mãe além do espectro," um programa de fortalecimento emocional para mães de autistas, visando fortalecer sua autoestima das mães e de cuidadores, desenvolvendo segurança em lidar com desafios do cotidiano, de modo perceber que é possível viver de forma mais leve e saudável para conduzir a rotina de seus filhos com necessidades especiais, podendo aproveitar e potencializar as evoluções obtidas com terapias, visando a melhor qualidade de vida, a autonomia e o bem-estar da criança/adolescente com deficiência.

Estou apenas começando minha jornada na educação Parental, mas, tenho plena certeza de que essa é minha missão!

Juntas, podemos mudar uma geração. A educação parental é necessária e fundamental na vida das famílias, das escolas e da sociedade como um todo. Crianças e adolescentes precisam sentir que suas famílias são um ninho, um colo, um ambiente de força e acolhimento. É importante desenvolver a conexão entre os membros da família, promover a autorresponsabilidade, cultivar a autoestima e potencializar o amor. As famílias são a base, e trabalhar com elas fortalece minha alma!

Finalizo com uma frase que repito sempre para meus clientes e resume a educação parental que eu quero levar para as famílias: quando seu filho cometer um erro e correr até você e não de você, você terá a certeza de ter feito um bom trabalho.

Com carinho

Luciana Abreu – Educadora Parental

* * *

*"E necessário alimentar os sonhos e concretizá los
dia -a- dia no horizonte de novos tempos
mais humanos, mais justos,mais solidários."*
Marilda V. Iamamoto

12.
SERVIÇO SOCIAL E EDUCAÇÃO PARENTAL: UMA CONSTRUÇÃO DE VIDA

LUCIANE DIAS TEIXEIRA

RESUMO

O Serviço Social a Educação Parental fazem parte das nossas vidas desde a infância. Claro que só vamos entender isso, quando aprendemos sobre o que versa cada um e suas especificidades. Fazendo essas conexões com a nossa história; revisitamos nosso passado e percebemos o quanto essas duas áreas do saber são necessárias para um trabalho com mais assertividade, principalmente se estamos nos referindo ao trabalho com famílias.

CURRÍCULO

Sou natural de Panambi -RS, casada com Fabiano, mãe da Julia, mãe adotiva da Maria Vitoria; mãe de coração do Richard, da Juliana e do Ricardo. Sou avó de 6 netos. Assistente Social e Educadora Parental – Facilitadora do Encorajando Pais. Hoje meu trabalho é direcionado às famílias atípicas. Atuo na APAE de Pato Branco-PR. Sou especialista em Serviço Social na Educação, Orientação e Gestão Escolar, Educação Parental e Inteligência Emocional, Parent Coaching e SERMEP.

CONTATOS

46 99117-2220

@lutea_asocial

Venho aqui contar a minha história de vida e como cheguei até aqui. Hoje, Assistente Social e Educadora Parental; duas profissões que se complementam e direcionam meu trabalho de forma mais assertiva.

Me chamo Luciane, tenho 43 anos, sou filha da Aldorema Dias Teixeira e do João Carlos Teixeira (in memoriam), sou irmã do Luciano 42 anos; e do Matheus, de 27 anos, filho do 2 casamento da minha mãe com Ari.

Perdi meu pai aos 9 anos de idade, e isso foi muito traumático para mim e para meu irmão; éramos pequenos quando tudo aconteceu. Mas, com a dinâmica da vida, aos poucos tudo foi se ajustando para que superássemos esse momento difícil. Minha mãe, uma mulher muito trabalhadoras, sempre fez o melhor que pode para nos ensinar a ser fortes e a batalhar pelo que desejávamos. Venho de um sistema familiar um pouco conturbado devido ao abuso de álcool; essa prática fazia com que as reuniões familiares, na sua maioria, fossem desagradáveis, devido às discussões e às brigas. Por mais que ainda estivesse na primeira infância, cresci sabendo que esse tipo de ambiente não era para mim.

Crescer em uma família onde, por vezes passei por vivencias traumáticas, fez com que houvesse momentos difíceis de serem superados. A insegurança era uma constante: a confraternização poderia, a qualquer momento, tomada pelo álcool, virar discussões, insultos, agressões de toda natureza.

Aos 20 anos, conheci meu marido, em um curso no mês de março de 2000, e, a partir daí, construímos uma amizade que, aos poucos, foi se transformando em um sentimento mais forte, no mesmo ano resolvemos assumir a vida juntos. Como ele já tinha filhos do primeiro casamento, eu sabia que não seriam momentos fáceis. Mas, o que estávamos construindo nos fez encarrar o que viesse pela frente, pois, queríamos viver o amor que ia crescendo e amadurecendo dia após dia.

Em setembro de 2001, descobri que estava grávida. Um turbilhão de emoções tomou conta de mim: Susto, alegria, insegurança. Para nossa felicidade, em 2002, Julia nasceu linda, e maravilhosa, um fruto do nosso amor, um elo para nossas vidas.

E as surpresas da vida não param por aí. Alguns meses após o nascimento da Julia, seus irmãos quiseram vir morar conosco. Diante desse novo contexto vem aquela sensação de: "E agora!? Como vou dar conta de tantas crianças?"

Juntos, eu e meu esposo, realizamos acordos e diálogos francos que passaram a ser implementados sistematicamente aos domingos, como uma reunião de família, espaço de escuta, compartilhamento de opiniões e combinações. Mesmo sem conhecimentos formais sobre as tratativas que fizemos enquanto família, a educação parental já estava sendo utilizada. Eu sempre busquei entender o meu contexto familiar para que pudesse agir da melhor forma, para que todos pudessem receber o melhor.

Outra questão importante foi que fomos e somos um casal colaborativo, nos ajudamos mutuamente. Além de nosso tratamento recíproco, muitas pessoas de nosso círculo de amizade nos procuravam para pedir ajuda com e conselhos para enfrentar determinados problemas, estabelecer metas e encontrar propósitos. E, nós, prontamente, as acolhíamos, aconselhávamos. Não sabíamos que existia uma profissão elaborada, baseada em diversas áreas do conhecimento, que faz o trabalho que fazíamos. Eu brincava com meu marido, dizendo que deveríamos estudar para ser conselheiros de alguma coisa, porque éramos procurados por muitas pessoas, para que pudéssemos aconselhar, orientar, ajudar.

Na época, morávamos em Porto Alegre, vivendo a loucura de uma cidade grande, conciliando emprego e filhos. Percebemos que não era essa a relação parental que queríamos. Assim, decidimos ir para o interior, fronteira, onde teríamos uma vida mais tranquila, podendo cuidar as crianças, com mais qualidade de vida e acompanhamento de perto.

Na nova cidade fizemos muitas amizades, buscamos novas oportunidades. Foram muitas tentativas e investimentos em busca da profissão certa: tive padaria, confeitaria, pizzaria, pastelaria, uma pousada e, por último, trabalhei com representação comercial de erva mate, o que me proporcionou iniciar a minha formação como Assistente Social.

Para completar ainda mais a família, adotamos a Maria Vitoria com 9 anos de idade. Aqui vi aquela máxima que coração de mãe sempre cabe mais um, neste caso, mais uma. Enfrentamos muitos desafios; todos, superados. Nem tudo foi facilidades. Mas, quando se tem propósito, amor e fé tudo dá certo.

Posso dizer que, no meio de muitas buscas, encontros, desencontros e recomeços, o Serviço Social e eu nos escolhemos.

Pois, tínhamos e temos tudo a ver com que fizemos e fazemos: atuamos no combate às desigualdades sociais e na busca de soluções para melhorar as condições de vida de crianças, adolescentes e adultos em situação vulnerável.

SERVIÇO SOCIAL ME ESCOLHEU

Sempre escutei das minhas amigas que eu tinha que estudar para ser Assistente Social porque estava sempre ajudando tanta gente. Foi quando começou a despertar atenção para fazer a faculdade. Entre tantos testes vocacionais para saber para onde iria, eis que o Serviço Social me escolheu. Não tive dúvidas que essa seria a minha missão de vida; que eu estava na profissão certa. Mas, claro, que muitas dúvidas e incertezas ocorreram durante o processo de formação. Tinha dias que eu parava e dizia: Meu Deus, me guie! Tem horas que não dou conta da minha família, como vou cuidar das outras? E os estágios? Eram situações desafiadoras que, por vezes, colocavam em xeque a minha capacidade: será que dou conta?

Com o tempo, tudo foi se encaixando e eu percebendo mais e mais o quanto essa profissão me realizava; o quanto trabalhar com as famílias fazia muito sentido para mim. E isso me fez aprender a olhar para a minha família de forma mais dinâmica, entender o meu contexto familiar, que, a esta altura no ano de 2018, tinha pessoas de 16 a 20 anos morando em casa: adolescentes, jovens e crianças. As meninas Julia e

Vitoria na faixa dos 16 anos; Juliana, 20 anos, morava conosco, com seu filho Arthur, nosso primeiro neto; Ricardo,17 anos; e o Richard, já casado, que morava na cidade de Rio Grande, mas estava sempre precisando de uma orientação.

Nós tínhamos uma grande família, que juntou as nossas filhas e os filhos dele em um convívio lindo e desafiador: casa sempre cheia, cada um com um humor diferente, com as suas opiniões. Confesso que não foi fácil conciliar tudo, cuidados com a casa, filhos, netos, marido, trabalho, faculdade e estágio. Mas, ao mesmo tempo que me desafiava, eu gostava dessa vida, que esse turbilhão de acontecimentos me fortalecia a cada dia mais e mais. Loucura para uns, vida para mim.

Até que, em 2020 chegou à formatura. Foi um momento lindo, mágico, que até hoje arrepia, momentos únicos que ficarão para sempre na lembrança. E, foi a partir dos saberes apreendido com a minha formação, que me levou a olhar as dinâmicas familiares em um contexto geral, sem julgamentos e com acolhimento. E com o encerramento de um ciclo, da graduação, percebi que precisava buscar conhecimentos sobre a parentalidade, para que eu pudesse ter ferramentas adequadas para direcionar as famílias de forma mais eficaz, o que me levaria, também, a entender o meu próprio contexto familiar.

Dessa forma, fui em busca de mais conhecimentos na área da família, como uma boa pesquisadora, coloquei no *Google* orientação de famílias, eis que começa uma nova caminhada.

A EDUCAÇÃO PARENTAL

Sempre gostei de trabalhar com famílias. Mas, sentia que faltava algo que me direcionasse um pouco mais; com ferramentas que eu pudesse utilizar de forma mais assertiva, como relatei acima. Fui para o *Google* e digitei: quero trabalhar com orientação de famílias. Pensei vai ter que aparecer uma luz. Eis que me aparece EDUCAÇÃO PARENTAL. É isso! Pesquisei e encontrei Jacqueline Vilela (Uma escritora, fundadora da Parent Coaching Brasil e uma referência quando o assunto é coaching parental). Participei de um workshop que ela estava divulgando e, bum!! É isso que eu preciso!! Iniciei neste mesmo ano de 2020 curso Ferramentas Parent Coaching, que me trouxe muito conhecimento, mas, ainda tinha algumas dúvidas e inseguranças de como aplicar esse trabalho, pois era muito técnico; eu precisava de algo mais prático. Confesso que o trabalho como coaching me deixou, naquela época, insegura.

Nesse processo, ainda de busca e de aprendizado, conheci Aline Cestaroli e participei de um Workshop onde ela apresenta ferramentas de trabalhos de forma mais simplificada, que se encaixavam com o público que eu estava trabalhando, com práticas de fácil compreensão. Iniciei o curso Encorajando Pais. Foi um divisor de águas no trabalho que faço com as famílias. Conheci e aprendi a utilizar as ferramentas da proposta em meus atendimentos, em minha área de trabalho.

Durante esse processo, eu iniciei acompanhamento junto um grupo de mães atípicas (mães de crianças com diagnóstico de autismo).

Eu já tinha feito várias capacitações para aprender sobre o espectro autista: avaliação para diagnostico, como trabalhar as habilidades de vida diária, como intervir nos comportamentos inadequados. Eis que me pego pensando! Como eu vou adaptar tudo isso que eu aprendi para ajudar essas mães? Para poder fortalecer essas famílias?

Será que eu precisaria deixar a minha profissão de Assistente Social para trabalhar como Educadora Parental? Aí, que dúvida cruel! Como vou entrelaçar essas duas profissões dentro do meu trabalho? Não me vejo atuando sem uma delas. Ambas fazem todo sentido para meu trabalho; contribuem para a garantia de direitos e para o fortalecimento de vínculos socioemocionais.

Em fevereiro de 2022, assisti uma live da Jacqueline Vilela com a Ana Paula, mãe atípica, educadora parental, falando sobre esse trabalho com as famílias. A Ana Paula, falou sobre o Força de Uma Mãe, um curso direcionado ao fortalecimento das mães atípicas. Terminou a live, eu chamei a Ana e pedi se poderia participar do curso, mas eu não era mãe atípica; ela me disse que não poderia porque era direcionado às mães. Nossa! Fiquei muito triste. Mas, não desisti. No outro dia, a chamei de novo e disse: "Sou Assistente Social e trabalho diretamente com mães atípicas. Quero muito fazer seu curso; preciso saber como direcionar essas mães de forma mais assertiva."

Ela fez algumas perguntas para saber o que eu já entendia sobre o assunto, e quando apresentei o meu currículo, ela me disse: "você está louca!? Com todo esse conhecimento, você ainda quer mais?"

Eu disse sim! Eu quero que você me ajude a conectar a minha profissão com a Educação Parental direcionada para as famílias atípicas. Você sabe muito! Estou tendo dificuldades para conciliar a minha profissão com a Educação Parental e, certamente, têm outros profissionais que precisam desse direcionamento.

Perguntei a ela se era necessário deixar a minha profissão para ser educadora parental. Ela me disse que não. Bastaria conectar as duas; "vou ver como posso te ajudar."

Não demorou muito, a Ana criou o SERMEP – Ser Mais Educador Parental – Esse curso direcionou cada profissional a conectar a sua profissão à Educação Parental. Foi o momento em que consegui ver a Luciane, a Assistente Social e Educadora Parental, unindo duas profissões complementares ao propósito de trabalhar com Famílias Típicas e Atípicas.

Para ajudar nesse processo, em março de 2022 comecei a trabalhar na APAE, e a cada dia eu podia reforçar o propósito de ver a realização de cada família quando eu as acolho, escutando a sua história para que eu possa conhecer cada contexto familiar, entender as dores de cada membro daquela família e direcionar, com assertividade, respeitando o tempo de cada um, ver o brilho nos olhos, receber um sorriso. Isso não tem preço.

Minha vida é transformada todos os dias em cada família que eu atendo. Tenho, a cada dia, mais certeza de que essa é a minha missão: transformar vidas, transformar famílias, e também me transformar todos os dias em um ser humano melhor. Acredito que nada é por acaso. Tudo tem um propósito. Sou grata a Deus por conseguir conectar o Serviço Social e a Educação Parental, transformando-as em meu propósito de vida.

* * *

"Não ensinamos o que sabemos. Ensinamos o que somos"

Marcelo Cunha Bueno

13.
EDUCAÇÃO PARENTAL ESTREITANDO LAÇOS E RESSIGNIFICANDO A FAMÍLIA

MÁRCIA KELÚCIA SILVA FREITAS

RESUMO

A educação parental aconteceu em minha vida a partir da necessidade de conhecimentos e de recursos para utilizar na relação com minha filha; uma relação pautada no respeito e no amor, onde eu pudesse ser aquilo que desejava: um exemplo de mãe. E o que eu encontrei foi o ressignificar de minha história familiar. Fui capaz de aceitar minha família e a história de cada membro, especialmente de meus pais, com carinho.

CURRÍCULO

Sou natural de Mossoró, no Rio Grande do Norte. Sou casada há doze anos e mãe da doce Anna Cecília. Sou engenheira por formação e educadora parental por vocação e amor. Tenho formação em educação parental a partir do reconhecimento emocional, facilitadora da oficina das emoções para famílias, SERMEP – Ser Mais Educador Parental – e pós-graduada em educação Socioemocional.

CONTATO

- 84 98834-4949
- @keluciafreitas
- keluciafreitas@gmail.com

EDUCAÇÃO PARENTAL ESTREITANDO LAÇOS E RESSIGNIFICANDO A FAMÍLIA

A educação parental entrou na minha vida por volta de 2015, quando minha filha tinha pouco mais de dois anos. Eu tinha boa intenção em educá-la de forma respeitosa, sem gritos e sem palmadas, pois acreditava nessa educação como um caminho para que ela crescesse autoconfiante.

Até aos dois anos isso vinha funcionando. Foi quando chegou a tão temida fase em que minha pequena se descobriu como pessoa. À época, ela já conseguia uma conversação e sabia se expressar claramente. Até então, eu entendia que apenas boa intenção não era suficiente, e que a terrível fase para a qual outras mães queriam me preparar não era a fase da criança e sim, a fase que eu precisaria aprender a lidar com a criança.

Foi em um dia atarefado de faxina em casa, cansada e apressada, querendo finalizar o mais rápido possível aquele serviço necessário, embora, não agradável, eu queria que a minha filha, com um pouco mais de dois anos, tivesse o mesmo ritmo que eu. Pois bem, em meio a essa pressa, tomada por um descontrole emocional, arremessei um objeto ao chão enquanto, aos berros, dizia que colocaria todos os seus brinquedos espalhados pelo quarto no lixo. Foi aí que minha pequena, com toda sua serenidade, se aproximou, recolheu o objeto que eu tinha atirado ao chão e, utilizando o mesmo tom de voz que o meu, disse: "Pode jogar tudo! Eu vou ficar sem brinquedos!" Repetindo o meu gesto, arremessou o objeto ao chão. Quando eu vi uma miniatura minha, fiquei assustada. Muito assustada! Naquela hora, sem saber o que fazer, me afastei e, tomada pela decepção, entendi: "sou espelho!" E, naquele momento, minhas ações e atitudes não refletiam o que eu tanto desejava na relação parental. A virada de chave aconteceu. Então, percebi que somente, tão somente, boa vontade não era suficiente para eu alcançar o meu objetivo: educar com respeito.

A partir desse episódio, iniciei minha busca por conhecer o desenvolvimento infantil, compreender as emoções e relações familiares. Foram buscas em revistas, blogs e livros. Ainda não conhecia a educação parental. No entanto, já passava o conhecimento adquirido para as amigas e tentava conscientizá-las sobre a educação tradicional e seus danos para a relação familiar.

Na época, tinha pausado minhas atividades profissionais para dedicar-me à família. E voltei a atuar profissionalmente em 2020. Neste ano, decidi abrir uma consultoria para mães microempreendedoras; mulheres que, como eu, decidiram trabalhar em suas casas para poder acompanhar de perto o crescimento de seus filhos. E, nessa jornada, muitas se perdiam no empreendimento e, principalmente, no acompanhamento dos filhos. Por trabalharem em casa, sentiam dificuldade em desvincular as atribuições profissionais das rotinas domésticas, e acabavam/acabam se sobrecarregando, ficando mais irritada e perdendo o vínculo com os filhos que crescem perto e, mesmo assim, distantes. Em uma consultoria de negócio eu levo a importância desse vínculo familiar, de valores, de autocuidado, de gerenciamento de tempo e de financias; de uma educação respeitosa e da colaboração entre os membros da família para que essa mãe possa exercer profissão e a maternidade sem fugir daquilo que ela deseja.

Só em 2021, em meio à pandemia, descobri o termo educador parental, e tudo que eu acreditava e vivi durante esses anos, passou a fazer sentido. Descobri que aquilo que eu fazia como engenheira, discutindo, orientando as mulheres empreendedoras a conciliar a profissão e os cuidados com a família, era, na verdade, educação parental. E os meus olhos brilharam. Meu coração se alegrou. E veio à coragem para fazer a formação e mergulhar nesse mundo proporcionalmente encantador e desafiador.

Na formação, as coisas acontecem de forma muito rápida: muita informação, indicação de livros, ferramentas e tantas e tantas aulas. Estava tudo me encantando, até que as primeiras dificuldades começaram a surgir, e que dificuldades!

Foi necessário, nessa jornada, fazer o encontro de mim para comigo. Sim! Encontrar aquela menina que cresceu em uma família forte, onde todos eram por todos nos momentos difíceis, mas, que sentiam grandes dificuldades em demonstrar afeto; se acreditava que a criança era responsável por seus atos e comportamentos; o homem tinha um papel dispensável na relação familiar; o castigo e a autocobrança era algo real e palpável.

Esse foi o primeiro desafio e o primeiro benefício, fazer um resgate de tudo que eu conhecia como sendo referência familiar. Esse resgate me possibilitou desenvolver a empatia, desfazer crenças, quebrar ciclos que se repetiam no meu relacionamento conjugal e maternal. Me fez liberar o perdão, principalmente, em relação ao meu pai, por compreender que damos exatamente aquilo que nós temos. Depois do primeiro desafio, vieram tantos outros que, aqui, não serão compartilhados.

A expectativa mercadológica pós certificação em educação parental era a de uma agenda cheia; eu esperava grandes contratos. E isso não aconteceu. Essa não capacidade de transformar uma ideia em um produto, em um serviço, me consumia. Imagine só! Eu não estava conseguindo avançar no meu propósito em levar este conhecimento às famílias. Até aqui, não estava nada bem. Para piorar a sensação de fracasso, eu não tinha, ainda, encontrado a abordagem correta para fazer chegar até minhas irmãs os instrumentos próprios e específicos da parentalidade. Para mim, depois de passar por uma qualificação, naquele momento, era difícil compreender que nem todas as pessoas estão dispostas a quebrar ciclos, cujos referenciais sejam as práticas educativas das figuras paterna e materna, e nem se mostravam suscetíveis a internalizar em seus modos de fazer e de sentir uma parentalidade emancipatória. Não foi fácil superar essas percepções iniciais.

Entendido isso, é hora de seguir em frente e dar os primeiros passos rumo ao sonho de impactar famílias.

Eu contei com a ajuda de uma amiga muito querida que me convidou a palestrar para um grupo de sua igreja e, de cara, eu aceitei o desafio. E aconteceu a primeira palestra para mães de adolescentes e seus filhos. Na frente do público, pela primeira vez falando como educadora parental, um misto de insegurança e o desejo de fazer a diferença na vida daquelas mulheres e de seus filhos. Para entender melhor essa situação, quando aceitei o convite para esta fala, a ansiedade me fez supor perguntas que eu não saberia responder a um milhão de perguntas às quais eu não teria respostas. Não as tinha. Não as tenho. Não as terei. Pois, o conhecimento tem dessas coisas: quanto mais aprendemos, entendemos que precisamos aprender mais. Essa é a beleza do conhecimento. Esclarecida a sensação e a certeza de que estamos em contínua aprendizagem, fiz a minha primeira apresentação. Essa experiência, melhor dizendo, vivência, foi linda; marcada pela partilha, pelas risadas afetivas, pelos abraços emotivos e pelas vontades de mudanças expressas naqueles gestos, naqueles olhares.

Foram dados os primeiros passos. E, sem que eu percebesse, estava me apresentando e agindo como educadora parental. Nessa nova fase, eu já era vista como alguém que está ali para acolher, trazer consciência e leveza aos relacionamentos familiares. Com essa percepção e, por conseguinte, maneira de ser, as portas foram se abrindo: escolas, a escola de ballet de minha filha onde realizei uma oficina de reconhecimento emocional para crianças. Assim, com a ajuda das famílias que conheciam e acreditaram no meu trabalho, os meus saberes foram abrindo portas. Nas escolas, fiz palestras levando a educação emocional e o autocuidado aos professores, embasado na BNCC (Base Nacional Comum Curricular); abordando a educação afetuosa e o respeito às particularidades de cada um. Também palestrei para pais, desmistificando comportamentos adolescentes, a importância do diálogo, afetuosidade e companheirismo na relação pais e filhos, e o poder da escuta.

Depois disso, foram vários convites para palestras, participação em programas de rádio e televisão local. A visibilidade do meu trabalho me deixava feliz, acreditando que as coisas estavam seguindo o rumo que falavam no curso que eu ainda estava fazendo. Comecei a observar aquele volume de atividade, e constatei que elas não estavam trazendo retorno. Eu estava me cansando, renunciando à minha família para a esses convites de forma gratuita. No entanto, eu precisava de retorno financeiro para me sentir útil e justificar tanta dedicação. Afinal, o dinheiro para pagar os cursos, as palestras, as workshop e todo o conhecimento era retirado do orçamento familiar.

E passei a recusar alguns convites. Pode até parecer prepotência, mas, na verdade, foi desânimo. Desânimo por não estar vivendo aquilo que alguns colegas relataram. Entre os momentos de ânimo e desânimo, houve muito aprendizado, muitas amizades feitas, muitos propósitos que se encontraram; dentre eles, o de levar a educação Socioemocional às escolas. Lá estava concentrada um grande número de famílias. E aquelas palestras gratuitas trouxeram autoconfiança para eu seguir essa trajetória. A partir dessa construção emocional, em parceria com uma colega de curso, preparei o primeiro workshop on-line para professores; dessa vez, remunerado. Que sensação maravilhosa, a de reconhecimento. Senti um orgulho danado de mim aquele dia. Percebi que eu posso, devo e mereço cobrar pelo meu trabalho. Afinal, ele é essencial e de grande valor para a sociedade.

Demorou um pouco para entender que cada um tem um caminho diferente nessa jornada, a comparação, a autocrítica e a autocobrança fizeram e fazem ainda parte da minha vida. Hoje, de forma mais consciente, consigo identificar esses pensamentos sabotadores e impedi-los que me paralisem. Ou seja, estou no controle da situação.

Foi um longo caminho percorrido entre autoestima baixa e desânimo até entender que essa jornada é semelhante a abertura de uma trilha em mata fechada usando um facão, algumas vezes, uma faca de mesa, e, vez ou outra, nos damos conta que voltamos ao caminho largo e asfaltado, a educação tradicional. É um ressignificar de história, um aprendizado novo e um desafio a ser enfrentado todos os dias.

Hoje, contínuo meus atendimentos de forma on-line estão levando acolhimento, consciência e leveza para as famílias realizarem a sua missão, educar seres humanos saudáveis fisicamente e emocionalmente para o mundo. A educação parental está apenas começando, mas, já foi capaz de ressignificar a minha história, assim como a história de tantas famílias pelas quais eu tenho tido o prazer de atender, os frutos têm sido vividos, sentidos e visto.

* * *

O passado é como uma história que nos conta como chegamos aonde estamos. Mas você pode começar a escrever uma nova história agora mesmo.

James Norbury

14.
EDUCAÇÃO PARENTAL: UMA JORNADA PARA O AUTOCONHECIMENTO

MARI ÂNGELA DA SILVA BRANCHER

RESUMO

Ao conhecer e estudar a Educação Parental há uma busca pelo "quem somos". Nesse processo de autoconhecimento, a história vivida é ressignificada. Ao conhecer um fragmento da minha jornada, será possível perceber que, conforme fui ampliando minha formação, as transformações começam em nós e em nossa casa.

CURRÍCULO

Sou natural de Rondinha/RS, casada e mãe de dois filhos. Atuo como Pedagoga e educadora parental. Sócia e Consultora Educacional na Enlaços. Idealizadora dos cursos: Pais Responsáveis e Conscientes, Filhos Seguros e Felizes e Ressignificando as Relações Familiares. Certificada pela Parent o Expert, Coaching Teens. Parentalidade Atípica Consciente e o Ser Mais Educador Parental (SERMEP).

CONTATO

- 54 99945-9397
- @dasilvabrancher
- mariangeladasilvabrqncher@gmail.com

Falar de Educação Parental é um desafio para mim que o conheci no início de 2022. A Educação Parental chegou na minha vida por um desejo. Por muito tempo, percebi a necessidade de oferecer às famílias um espaço de formação. Na minha visão mental, imaginava uma "escola de pais". Na época em que fui gestora de escola de Educação Infantil, fiz uma tentativa com a participação da psicóloga do município. Frustração, foi o que restou da experiência de levar aos pais conhecimentos sobre desenvolvimento infantil e como educar de forma consciente.

Bem, por um tempo desisti dessas ideias que, para muitas pessoas, podem soar utópicas. Mas, conscientemente, nas reuniões de formação de professores, esse assunto, vez ou outra, surgia: as famílias também precisam ser formadas. Pais e mães precisam compreender que, para exercer papel tão importante, é preciso estudar. Porém, as discussões ficavam a nível de sala de professores, ou porque não sabíamos por quais caminhos trilhar, ou por não termos uma rede de apoio que quisesse abraçar o projeto conosco.

Aí, em meados de janeiro de 2022, fui apresentada à educação parental e à gama de conhecimentos que esse conceito nos traz. Encontrei, nessa seara, um link entre meu sonho e uma realidade possível que já está sendo vivida em outros lugares, através de princípios que nos ajudam a compreender o ser humano e suas relações.

O tempo que demorei para encontrar esse caminho, que há muito tenho buscado, e entendo como fundamental para o sucesso da construção de uma educação de qualidade, me faz ter certeza que há tempo para tudo em nossa vida. Nada acontece antes de estarmos prontos para exercermos a nossa missão e cumprirmos o nosso propósito. Não apenas isso, precisamos estar no lugar certo, ter o conhecimento certo e conhecer as pessoas certas.

A significância deste novo saber ganha espaço na minha vida, à medida em que provoca uma onda de mudança a nível pessoal. Quando a pessoa abre a mente para um novo conhecimento, é impossível retroceder. Depois que se conhece a educação parental e as transformações que ela pode provocar na vida das pessoas, não há como voltar a pensar como se pensava antes. A única possibilidade é continuar expandindo nosso universo através da ampliação de consciência sobre a educação parental e socioemocional.

Entrar no ambiente da educação parental me conduziu para uma nova fase. Sempre encarei minha história com segurança e clareza. Comecei a perceber que, para ser educadora parental e orientar famílias a ressignificarem suas dinâmicas familiares, precisava primeiro me olhar com compaixão e bondade. Começava aí minha jornada rumo ao autoconhecimento.

Estudar a parentalidade exigiu olhar para minha vida. Foi necessário trazer a nível consciente experiências, memórias afetivas que causaram felicidade, mas, também, dores. Conforme fui avançando na compreensão do que é a educação parental, tornou-se indispensável compreender minha essência e entender quem eu sou. Além de refletir o quanto as experiências vividas impactaram minha história, percebi como elas foram, eram e são reproduzidas nas ações e atitudes cotidianas.

Revisitei minha infância e minha adolescência para encontrar respostas às minhas dificuldades como mãe e pedagoga. E nesse ir e vir constante, fui percebendo nuances da educação que recebi e fui reproduzindo por meio de padrões de comportamento com meus filhos e com meus alunos. Até, então, as considerava normais, como se fossem reflexos da personalidade e não memórias implícitas do que vivi ao longo da minha trajetória. Ao fazer essa reflexão, percebi que, para tornar-me uma educadora parental com competência a adentrar o universo de outra pessoa, para falar de dores e necessidades, primeiro preciso me autoconhecer e reconhecer minhas dores e necessidades, enfim, minhas imperfeições.

Esse olhar para o núcleo familiar onde fui gerada me ensinou que família é solo que nutre, e cada um de nós é semente. Todos vamos germinar, independente do solo onde estivermos plantados. A diferença é o tipo de planta que vai crescer. Se o solo for árido a plantinha vai crescer fraca, com pouco viço. Vai demorar mais para produzir frutos e quando os produzir, talvez, não sejam tão suculentos e saborosos. Se, pelo contrário, o solo for bem adubado com afeto, amor, apego seguro e cuidados; se receber água e luz na medida certa; se a poda vier no tempo adequado a planta crescerá forte, vigorosa, produzirá frutos saborosos e sombra onde todos poderão sentar-se, reabastecer-se de energia e continuar a jornada.

Sou professora há 28 anos e os maiores problemas que encontrei vivendo minha profissão foi fazer com que pais ou cuidadores entendessem a importância de seu papel na educação de crianças e adolescentes. Todos nós somos marcados pelas pessoas que nos educam, independente do papel que elas ocupam na nossa vida, sejam pais ou professores. Em nossa memória estão registrados momentos importantes daquilo que vivemos e sentimos, que nos tornaram quem somos. A nossa história é formada por múltiplos fragmentos de lembranças e de experiências que nos afetaram ao longo da vida.

Como pedagoga, sei que educamos e somos educados pelo olhar, pelo afeto. É pelo olhar do outro que nos tornamos gente. Somos a única espécie animal que precisa de seus pares para evoluir. O filhote humano precisa dos cuidados dos adultos humanos para sobreviver. Esse cuidado, essa presença, gera memórias afetivas que estão repletas de vínculos seguros, mas, também de mágoas causadas, muitas vezes, por aqueles que tem o papel de nos nutrir de afetos. Essas marcas caminham conosco e pegam a nossa mão enquanto vamos escrevendo nossa história. Essa certeza me fez, por muito tempo, buscar um caminho pelo qual fosse possível educar com mais amor e mais afeto.

Ter crescido em uma família onde punição e castigo eram sinônimos de boa educação, levou-me a reproduzir esse mesmo modelo na educação dos meus filhos. Na escola, o bom professor era aquele que mantinha os alunos sentados, alinhados, sem conversar. Essas regras autoritárias me forjaram. Foi essa educação que me constituiu como sujeito. Sem espaço para contestar ordens, sem poder construir regras de forma participativa. Assim como eu, muitos viveram essa realidade.

Ao cursar Pedagogia, comecei entender que era possível educar de forma diferente. E, desde então, não me conformo com modelos de educação que não contribui para que pessoa pense sobre o seu saber–fazer, o seu saber-sentir e vir a ser sujeito da própria aprendizagem. Foi a busca por um caminho diferente de educar que, ao longo de minha trajetória como pedagoga, fui sonhando com um espaço onde pais/cuidadores pudessem estudar e aprender um jeito melhor de contribuir para que crianças e adolescentes sejam mais confiantes e eficazes, impactando significativamente no desenvolvimento socioafetivo de seus filhos naturais, ou não.

A Educação Parental não é um movimento fácil. Mas, ninguém disse que seria. Para quem acredita que é pela educação que a sociedade se modifica, compreenderá esse nosso campo do saber é um forte aliado do ensino escolar, das relações familiares, uma vez que consegue orientar famílias a ressignificar suas dinâmicas relacionais. Este instrumento voltado à investigação sobre como os pais podem criar filhos felizes e saudáveis, me traz a certeza de que podemos deixar filhos melhores para o mundo e eles, do mundo, farão um lugar melhor. Afinal, é dentro da família que se buscar formar o ser humano à imagem e semelhança do pai, da mãe e da sociedade preconizada. É na família que forjamos nosso caráter, que aprendemos os princípios da convivência humana. Desta forma, faz-se necessário ter responsabilidade ao assumir a criação e a educação de crianças e adolescentes, pois temos em mãos um ser em construção que está aprendendo os segredos da vida.

Comecei os cursos na área da Educação Parental quando, com uma amiga, fundei a Enlaços Espaço de Formação, empresa que surgiu com o objetivo de levar o conhecimento a pais e cuidadores preocupados com a formação integral de crianças e adolescentes através de cursos e palestras. O primeiro curso que me inscrevi foi na Pós-graduação em Educação Parental e Inteligência Emocional, depois vieram vários outros, como a Certificação Expert Parent Coaching, pelo Laboratório de talentos Digitais Parent Coaching, e os cursos Meu Filho Cresceu e Agora? Adolescência Blindada e Parentalidade Atípica Consciente, com a educadora parental Ana Paula Alves.

Continuei me aperfeiçoando por saber que tenho muito a aprender. Atualmente, estou realizando a formação Parent Coaching Teen e Decifrando Adolescentes. Além dos cursos de formação, através da Enlaços Espaço de Formação, idealizamos os cursos Pais Responsáveis e Conscientes, Filhos Seguros e Felizes, disponível em plataforma digital e o curso presencial Ressignificando as Relações Familiares.

A mudança e o entendimento real do que é ser Educadora Parental aconteceu durante um dos encontros do SERMEP – Ser Mais Educador Parental – com a Ana Paula Alves. Na realização de um exercício prático, percebi que o educador parental começa agindo no lugar onde está, seja, em sua área profissional ou em sua família.

Conforme sente necessidade, faz a transição de carreira. Essa mudança na forma de olhar para o significado de "ser Educadora Parental," ajudou-me a compreender que os conhecimentos que tenho adquirido, aliados aos instrumentos de intervenção, aperfeiçoam a minha prática profissional. Nesse sentido, a minha experiência como pedagoga me fortalece como Educadora Parental. As duas profissões se complementam e se fortalecem. Uma, atua como pilar da outra nesse momento na minha vida.

Quando penso nos pilares que me sustentam como Educadora Parental, primeiramente olho para minha experiência de vida, em seguida, para o que a Pedagogia tem para me ensinar. Não menos importante, mergulho nas teorias que fui aprendendo ao longo dos cursos que fiz e que tenho aprofundado nas áreas de Parentalidade Consciente, Comunicação Não Violenta, Psicologia Positiva, Disciplina Positiva, o método SER (Significado, Emoções e Relacionamentos) da Parent Brasil.

Algo importante aprendi no decorrer deste tempo estudando parentalidade: o maior aprendizado acontece a partir dos nossos erros; não há possibilidade de falar sobre dores alheias sem conhecer as nossas; nossa casa é o nosso laboratório; instrumento de intervenção testado e aprovado; é preciso olhar para dentro primeiro, antes de olhar para fora; se quero ver a mudança, o primeiro passo deve ser o meu. Por fim, famílias funcionais formam pessoas social e emocionalmente funcionais.

Finalizo, dizendo que minha experiência como educadora parental está apenas começando. Há muito caminho a ser percorrido. Os atendimentos que fiz foram para comprovar e garantir os certificados dos cursos e colocar em prática os valores, as ferramentas, e estratégias e as esperanças aprendidas. Aos poucos, vou reconhecendo meu lugar. Atualmente tenho feito atendimento à adolescentes. Afirmo que o que tenho aprendido com esse público tem nutrido e abastecido meu tanque de afeto de um jeito tão completo que este trabalho tem iluminado meus dias. Sei que tenho muito para aperfeiçoar. Afinal, aprendemos sempre, todos os dias, com todas as pessoas que cruzam nosso caminho.

* * *

"Together we can change the world"
– Juntos nós podemos mudar o Mundo."
Mark Shepard e William Rodman

15.
COMO SER EDUCADORA PARENTAL, SE NÃO SOU MÃE?

MARION BARBOSA VITORINO MARCOTTE

RESUMO

Comecei a minha jornada com a Educação Parental não faz muito tempo. Estava pulando de um curso para o outro. Não conseguia me encontrar de forma alguma. Aliás, não sou mãe e isso era uma trava muito grande. Tive que trabalhar coisas em mim para poder destravar e me jogar nesse mundo da educação parental, descobrir minhas forças, trabalhar minha vulnerabilidade e ser ativista.

CURRÍCULO

Pedagoga formada pela Universidade de São Paulo (USP), Pós-graduada em Educação Parental e Inteligência Emocional. Facilitadora certificada internacionalmente em Parentalidade Consciente, Educadora Parental em Disciplina Positiva, Coach Parental e Educadora Parental Neuro Consciente. Experiência nacional e internacional com crianças e famílias típicas e atípicas dentro e fora do ambiente escolar. Atua como Educadora Parental, Consultora de babás nos Estados Unidos.

CONTATO

- 17 20589-5869
- @marimarcotte
- marionmarcotte22@gmail.com
- www.marionmarcotte.com

A maioria das histórias de educadores parentais acontecem depois de se tornarem mães ou pais, mas eu entrei nesse avião de uma forma completamente diferente. Eu não sou mãe, não tenho sequer irmão ou irmã mais nova nem mais velho. Então como peguei esse voo?

Vou rebobinar a fita para quando eu era criança e minha vontade de ser professora. Desde muito pequena, tinha certeza de que minha profissão seria professora. Minhas professoras me inspiravam muito. Eu tinha um carinho e admiração enorme por elas. Eu brincava muito de "escolinha" com os meus ursinhos e bonecas. Era a professora e utilizava dos livros e das lições de casa nessa brincadeira. Fora isso, eu era bailarina e, em uma certa época da minha vida, ensinei crianças mais novas e ajudei professoras da escola em que eu estudava com coreografias de final de ano e essas coisas.

Decidido, Pedagogia seria a graduação escolhida. Durante a graduação, fiz pesquisa científica na área da educação especial, TDAH. Comecei estágio em uma escola de São Paulo, até que uma pulguinha atrás da orelha começou a coçar e me dar ideias de fazer um intercâmbio. Depois de muitas pesquisas e tentativas de intercâmbio pela Faculdade, encontrei um intercâmbio chamado *Au Pair*.

Au Pair é um intercâmbio cultural, no qual a candidata entre 18 e 27 anos viaja para os Estados Unidos, mora na casa de uma família e cuida das crianças, como se fosse uma babá, com algumas diferenças. Preparação, entrevistas com famílias, despedidas, fazer a mala, pegar avião e começar uma nova jornada.

Fazer um intercâmbio não é fácil, mas pode nos abrir portas para diferentes oportunidades, nos trazer maturidade e uma nova visão do mundo. E foi assim que cheguei na Educação Parental. No ano de 2019, depois que terminei meu intercâmbio, me encontrei querendo muito criar um curso para babás. Percebi uma falta de preparo muito grande nas pessoas que se colocavam na posição de babás. Sempre pensei, e tive convicção, de que a infância era a parte mais importante para o desenvolvimento cognitivo, emocional e social de uma pessoa, e, com isso entendia a importância de profissionais qualificados para cuidar de crianças. Naquela época não deu certo. Acredito eu que ainda não estava preparada para aquele projeto e estava faltando algo para fazê-lo acontecer. Por isso, essa ideia ainda permeia minha cabeça e esse curso/treinamento vai sair.

2020, ano da pandemia, não parei de trabalhar como babá. Aliás, comecei a trabalhar muito mais como babá; passava 50/60 horas semanais com as crianças. Comecei a pesquisar sobre ser mãe, pai, estilo parental, como educar crianças e, assim, encontrei a educação parental, através de livros e pesquisas online.

Assisti ao 2 Congresso Internacional de Educação Parental e me apaixonei. Descobri que tinha muitas mulheres comigo nessa jornada. Eu não estava louca. Muito pelo contrário, me senti pertencente.

Durante essa trajetória, fiz muitas formações. Algumas, gostei muito e me identifiquei. Outras não fizeram sentido. A seguir, um pouco das formações que contribuíram para a construção de meus conhecimentos em educação parental:

- Disciplina Positiva – Jane Nelsen

- Coach Parental – Jacqueline Vilela

- Formação Integral do Educador Parental – Bete Rodriguez

- Mentoria e cursos da Amar e Acolher – Juliana Peterle

- Comunidade Livro Terapia - Iara Mastine

- Parentalidade Consciente – Mia Oven

- Educação Neuro Consciente – Telma Abrãao

- Neurociência com Afeto – Dra Liubiana

- Pós-graduação em Educação Parental e Inteligência Emocional

- SERMEP – Ana Paula

- Mentoria Mãe Atípica – Ana Paula

Todas, sem tirar nem adicionar, foram importantes de alguma maneira na minha trajetória como educadora parental. Porém, não me sentia pronta. Aliás, eu nunca me sentia pronta. Não porque os cursos eram são ruins e sim, porque eu não estava pronta. Não estava convicta que eu poderia ser educadora parental. Pesava o fato de não ser mãe. Por conta desse pensamento, eu continuava a falar para mim mesma: mais uma formação e estarei preparada.

Conversando com uma pessoa sobre meus planos, sonhos e vontades, uma vez escutei "Você estuda tanto sobre isso, qual o próximo passo?" Enquanto eu fazia a conexão cérebro-fala (isso foi em inglês), a pessoa já logo respondeu "ter seus filhos né, se tornar mãe." Essa pessoa, queridíssima, não falou para me colocar pra baixo. Eu não estava certa do meu próximo passo e a fala dela apenas reforçou essa minha crença.

Eu quero me tornar mãe, essa não é a questão. A questão é: "será mesmo que eu preciso ser mãe para conversar com famílias e plantar minha semente dentro da casa das pessoas?"

Novembro de 2022, foi quando a chave virou, 3º Congresso Internacional de Educação Parental. Finalmente, consegui assistir presencial. Me senti pertencente, vista, ouvida e conhecida. Aprendi com as educadoras parentais e mães ali presentes que eu não precisava ser mãe. Ter esse momento no congresso, escutar de pessoas que me inspiravam que eu poderia sim ser educadora parental, que eu posso, sim, conduzir famílias para um caminho harmonioso, interessante e que faça sentido para essa família. Um psicólogo não precisa ter passado por depressão para ajudar alguém nessa situação, um oncologista não precisa ter tido câncer para tratar alguém com câncer.

Eu tive que trabalhar muito meus pensamentos e minhas crenças para ressignificar essa ideia. Eu tive que me empoderar, me conhecer e afirmar para mim, todos os dias, que eu era e sou capaz, eu sou empática. E, mais que isso, eu sou o resultado de uma educação respeitosa.

Como assim, Marion? Durante uma das formações que eu fiz, descobri e aprendi que minha força é aliar-me a minha história; é trazer esse exemplo para as pessoas, que dá certo, que já foi feito e eu sou a prova!

Me descobri fruto de uma educação consciente. Percebi que sempre estava "fora da caixa" quando estava em grupo de amigos, porque a forma como fui educada era especial. Agora, consigo entender por que todas as minhas amigas queriam estar próximas a minha mãe e conversar com ela. Porque a minha mãe estava presente e tinha, ainda tem, uma escuta ativa.

Minha mãe era perfeita, 100%!? Nunca fez nada errado? Não! Ela não era ou é perfeita. Ela não era calma o tempo todo. Ela já gritou, mas, isso foi exceção. Aliás, ninguém é perfeito. Mas minha mãe era, e ainda é, uma detetive nata: observadora, empática e, na maioria das vezes, tem uma comunicação consciente, assertiva e eficaz.

Nesse ano de 2023, algumas portas foram fechadas para outras abrirem. Eu trabalhei por 1 ano e meio em uma escola pública no Colorado, Estados Unidos. Nesse trabalho, eu era uma "professora auxiliar" em uma sala chamada *Intensive Learning Center* (Centro de aprendizado intensivo), uma sala com crianças de diferentes idades, com diferentes deficiências e síndromes raras. Eu tive uma experiência incrível. Aprendi imensamente com as outras professoras, terapeutas, famílias e, claro. com as crianças. Eu precisava passar por isso. Eu precisava dessa experiência para entender melhor quem eu era, para confiar em mim mesma e acreditar que eu sou capaz de ajudar a mudar vidas.

Em uma outra conversa com a mesma pessoa que citei aqui nesse texto, eu pude, com propriedade, falar sobre meus próximos passos. Eu pude acreditar e confiar nas minhas palavras. E esses passos já estão acontecendo: trabalhar com famílias, fazer atendimentos; receber mensagens de famílias, de pessoas falando o quanto eu já ajudei na vida delas é gratificante, indicando que estou no caminho certo, contribuindo para que pessoas melhores façam deste mundo um lugar melhor.

Confesso que a jornada não foi fácil. Foram muitas montanhas que subi e desci. Encontros e desencontros. Incertezas e recomeços. E vou continuar nesse caminho. Quero continuar a encontrar desafios. Quero cometer outros erros e aprender com eles.

Ter uma comunidade, ter um grupo de educadoras parentais para trocar figurinhas foi sensacional. Conhecer essas mulheres, aprender com elas, ouvir e ser ouvida foi parte do processo.

Enfatizo, neste momento, que desaprender implica em deixar de lado crenças, ideias ou comportamentos que já não são relevantes ou úteis. É um processo essencial para o aprendizado, pois nos permite abrir espaço para novos conhecimentos e experiências. Ou seja, se não tivermos dispostos ao desaprende, não nos relacionaremos com novos conhecimentos e condenaremos, sem estudo de caso, as novas formas de fazer, de sentir e de pensar. Se não estivermos dispostos a desaprender, corremos o risco de nos tornarmos obsoletos.

Assim, compreendo que é preciso nos conheçamos nos mínimos detalhes para começar a mudança. Quando conhecemos a nós mesmos, somos capazes de identificar as nossas emoções, pensamentos e comportamentos que nos impedem de crescer e evoluir. Tanto é que, quando estamos carregando raiva, angústia e amargura, essas emoções nos impedem de nos conectar com os outros de forma amorosa e respeitosa. Elas também nos impedem de ver o lado positivo da vida e de ter esperança no futuro.

Desta forma, se pensarmos em um copo, não podemos beber suco se o copo estiver cheio de água. "(..) embora não tenhamos controle sobre a mudança externa, temos algum tipo de controle sobre a mudança interna e, a partir desta, podemos influenciar a mudança externa ou aprender a conviver com a mesma." (p. 23 OVÉN, M.; VIEIRA, P. 2022)

Precisamos nos transformar para poder transformar os outros, porque, como disse o filósofo grego Sócrates, "não podemos ensinar nada a ninguém, apenas ajudá-lo a descobrir por si mesmo." Quando nos transformamos, estamos nos tornando mais conscientes, mais compassivos e mais sábios. quando estamos presentes, estamos conscientes de nossos pensamentos, sentimentos e sensações. Estamos também abertos a novas experiências e possibilidades. Ser um educador, mãe, pai ou facilitador consciente não significa saber tudo e ser perfeito sempre. Muito pelo contrário, significa estar disposto a aprender e a crescer. Significa também ser vulnerável e humilde. Comprometidos com esses valores e perspectivas, os educadores, mães, pais e facilitadores conscientes sabem que estão aqui para deixar um legado. E, todos, unidos, estamos comprometidos, comprometidas em criar um mundo melhor para seus filhos, seus alunos e suas comunidades.

Entender as nossas necessidades, emoções e sentimentos enquanto adultos é tão importante quanto entender as necessidades, emoções e sentimentos da criança. Entender a criança como um todo e não como um ser abaixo de nós, as crianças merecem respeito tanto quanto os adultos, elas já são pessoas.

Entender quem eu sou, o que eu transbordo, a minha história e porque eu decidi ser facilitadora parental mudou completamente o meu *mindset*, pensamentos e crenças. Acreditar que eu sou capaz e que eu sou fruto de uma educação sem violência e que essa educação fez e faz toda diferença na minha vida me dá mais forças para continuar e entender o porquê de eu estar nessa missão e propósito. Pois, a transformação é um processo contínuo. É um processo de crescimento e evolução. Quando nos transformamos, estamos tornando o mundo um lugar melhor.

Eu agradeço todos os dias pelas oportunidades que tenho. Eu agradeço todos os dias por poder ser eu mesma, por ser filha dos meus pais.

Para finalizar, vou me apresentar.

Eu sou Marion Marcotte, filha da Sonia e do Ricardo Vitorino, nascida em 1994, não planejada, mas muito amada. Uma garota sonhadora, idealizadora e corajosa. Eu não acho fácil morar tão longe dos meus pais, e nem tinha motivo ruim para sair de casa e ir para longe. Na verdade, eu tinha vontades e desejos de buscar novos conhecimentos, novas aventuras. Tenho muitos sonhos e um deles é plantar minha sementinha em muitos lares; é fazer a diferença e deixar um legado para um mundo melhor.

REFERÊNCIA BIBLIOGRÁFICA

Övén, M., Viera, P. *Inspiração para uma vida mágica* – 1ª ed. – Porto: Albatroz, 2022. – 214.

* * *

"A coisa mais importante",
disse o grande Panda, " é prestar atenção".
O Grande Panda e o Pequeno Dragão – James Norbury

16.
EDUCAÇÃO PARENTAL: CONEXÃO, RESSIGNIFICAÇÃO E TRANSFORMAÇÃO

MILLEANI NAZARETH MORAIS OLIVEIRA

RESUMO

Este texto reúne experiências e vivências entre ser mãe e ser profissional. Traz aqui cenários importantes de um maternar de descobertas e encontros, bem como um mix de emoções. Apresentará a profissional que encontrou na educação parental o complemento para dar sentido, para agregar e transformar a sua prática psicopedagógica mais humanizada e acolhedora.

CURRÍCULO

Sou Mãe, sou esposa, apaixonada pela minha família. Licenciada em Pedagogia pela Universidade do Estado da Bahia-UNEB. Pós-Graduada em Psicopedagoga Institucional e Clínica pela Faculdade de Guanambi. Certificada pelo Programa de Formação Kids Coaching pelo Instituto de Crescimento Infantojuvenil Transformando Gerações- ICIJ.Certificada pela Disciplina Positiva em Sala de Aula –PDA.Certificada pela Curso PAS-Prevenção ao Abuso Sexual e Maternidade Transformada. Facilitadora Licenciada do Programa Emocional Positiva. Certificada pela participação de Mentoria em Parentalidade Consciente.

CONTATO

📞 77 99944-2117

📷 @psicomillamorais

✉ milla16olive@gmail.com

Sou a alegria. Sou a tristeza, força, fraqueza. Sou a luta, o descanso. Sou a adulta, a criança, a filha. Sou a mãe. Sou a irmã. Sou a amiga. Sou a esposa. A mulher. Sou a profissional. Eu sou Educadora Parental que, dentre muitos desafios, busca se equilibrar e manter a harmonia entre a profissão e a vida pessoal.

A intenção deste registro é dar notoriedade sobre minhas vivências e experiências enquanto profissional da educação, ancoradas nos conhecimentos da educação parental, aprimora a minha prática de modo que as pessoas se sintam abraçadas em suas dores e encorajadas a caminhar em segurança.

Concluí a minha graduação em pedagogia no ano de 2009, pela Universidade do Estado da Bahia-UNEB. O primeiro passo de um sonho, um nível superior. A escolha de minha profissão e o início de uma nova história. Sempre marcada pela curiosidade em aprender mais, iniciei a especialização, *lato-sensu*, em psicopedagogia. Ambas foram escolhas visando melhorar a qualidade do atendimento aos alunos e contribuir com a formação continuada de professores.

Recém graduada, meu propósito era inserir-me no mercado de trabalho como a profissional capaz de acrescentar, fazer a diferença. Assim o fiz. Comecei a trabalhar em 2010. E, de lá até aqui, já se passou mais de uma década. Eu ocupei diversos cargos e desenvolvi diferentes funções: tutora de cursos de pedagogia, modalidade EAD, coordenadora pedagógica do ensino fundamental I e II, psicopedagoga, coordenadora técnica da secretaria municipal de educação, professora da educação emocional, coordenadora de projetos pedagógicos da secretaria municipal de educação e etc. Essas funções despertam em mim o sentimento de utilidade, de relevância, motivando-me a estudar mais.

Conforme as experiências iam se ampliando, as demandas também tendenciavam a se tornar mais complexas. Como mãe, busquei por aperfeiçoamento. Era preciso estudar para aprender a ser mãe; entender as fases e as etapas do desenvolvimento da criança para respeitosamente lidar com ela. Para um maternar saudável é preciso dedicação, desconstrução de paradigmas, estudo e muito, muito, afeto. Nessa vivência parental, entendi que essa relação requer amor, dedicação, paciência e gentileza e firmeza para lidar com uma combinação de emoções e comportamentos diversos, uma vez que a educação dos filhos é um processo contínuo.

Como profissional psicopedagoga, sentia que precisava estudar mais sobre as competências socioemocionais. Com isso, iniciei um curso em Educação Emocional Positiva. E me vi apaixonada pela educação emocional, e, ao concluí-lo, cresceu o desejo de aplicar os conhecimentos socioemocionais em meus atendimentos psicopedagógicos às crianças e aos adolescentes. Buscando ampliar conhecimentos e campos de atuação, fiz o curso Kidcoah. Confesso que a sensação ao acessar cada novo curso é um duvidar de para além de nossas supostas certezas, pois o conhecimento não é estático! Os cursos até aqui tiveram o papel de me sacudir e me manter em busca de novas aprendizagens e transformações. Foram muitas certificações, e todas elas têm o seu valor e contribuíram para a minha vida pessoal e profissional.

Paralelo a isso, eu experenciava as multifaces da maternidade, os primeiros momentos de insegurança, incerteza e, ao mesmo tempo, uma força sem fim. O desafio foi encontrar um equilíbrio que funcionasse para eu não me sentisse culpada por não conseguir fazer tudo, resultando na reorganização de horários para que ambas as paixões fluíssem. Assim, eu me entregava aos conhecimentos científicos, à casa e ao trabalho. Aplicava-os, observando a individualidade de cada um. Não é uma tarefa fácil, não há perfeição. Entre a teoria e a prática, eu me encontrava como uma equilibrista que busca manter-se de pé na corda denominada de vida.

Peguei-me chorando de cansaço, de medo, sem motivo aparente. E, nos estudos, vi que em cada um existe uma criança interior que precisa ser alimentada para que possamos libertá-las. Eu, por muitas vezes, errei como mãe: gritei, explodir, me culpei e muito chorei. Sou uma pessoa em construção e não tenho aqui a intenção de autopromoção ou uma falsa ideia de facilidade e perfeição. Mas, confesso que aprendi muito com tudo que me propus a estudar e que, como mãe, sinto uma transformação imensa.

A maternidade é uma entrega e, para mim, uma benção; a maior obra que Deus me fez, a de poder gerar vida, de amar infinitamente, inconscientemente e incondicionalmente. É algo sublime, eu amo ser mãe! É um sonho que eu realizo a cada dia, vivendo com meu filho. Busco ser a melhor mãe que posso ser e sei que para ele eu sou. Trouxe este relato para que pudesse, através dele, explicar melhor a minha chegada na educação parental. Pois, ela me impulsionou a buscar por conhecimentos acerca da educação parental.

Na busca em SER uma mãe e uma profissional melhor e consciente, entreguei-me a mentoria em Parentalidade Consciente. A mentoria me proporcionou um reencontro do meu EU com as minhas necessidades, muitas delas não atendidas. Foi como um direcionador para o meu olhar, para que eu percebesse o meu estilo Parental, de maternidade e da profissional que sou.

Olhar para mim, auto avaliar-me, refletiu positivamente e elevou a qualidade das minhas relações e dos todos os papéis que desempenho e que me define enquanto ser. Aqui, destaco a qualidade que elevou na minha profissão de psicopedagoga ao inserir os instrumentos da educação parental.

Poder orientar famílias, acolher crianças e escutar as demandas de professores, validar suas emoções e conduzi-las a serem mais compassivas, a escutarem com mais empatia, a utilizarem uma educação positiva e uma comunicação não violenta fazem parte do meu trabalho como professora e educadora parental. De modo tal que procuramos entender os eventos, as reações, as atitudes, as emoções e os sentimentos, as expectativas e as frustrações como resposta a uma situação.

E nesse movimento de formações e aprendizagens, encontrei a comunidade do SERMEP; uma mentoria que traz a educação parental como possibilidades de crescimentos e enriquecimentos, tanto profissional quanto pessoal, utilizando instrumentos assertivos e dinâmicas reais capazes de compreender e atender as demandas familiares dentro de um sistema, evidenciando o nosso ser e respeitando as nossas limitações de humanos que somos.

A EDUCAÇÃO PARENTAL, A MOLA QUE IMPULSIONA A QUEM SE PERMITE CRESCER

"Ninguém entra no mesmo rio uma segunda vez, pois quando isto acontece já não se é mais o mesmo. Assim como as águas que já serão outras". — Heráclito

Busquei esta premissa para definir o que penso e sobre os caminhos que a Educação Parental vem me proporcionando como psicopedagoga. Assim como não somos os mesmos, não podemos esperar que as estruturas educacionais implantadas em escolas com os mesmos padrões de ensinamentos permaneçam entre as gerações e entre as famílias.

Neste contexto, debrucei sobre livros e compreendi que, como educadora parental, posso traçar metas para serem alcançadas no cenário escolar, tendo como foco as relações humanas e a aprendizagem. Nesse sentido, entender como o sujeito aprende, conforme a psicopedagogia, me fez utilizar os instrumentos da educação parental para intervir e alcançar formas de orientar as famílias, assim como a escola, para o progresso do aprendente.

Assim, comecei a amadurecer o meu olhar e me firmar na Educação Parental, como aquela que escuta com empatia, levanta reflexões para que o sujeito se veja e se perceba no cenário, provoca o sentimento de pertencimento e luta para alcançar, com harmonia e equilíbrio, as aspirações, o fortalecimento da autoestima e as aprendizagens.

Estamos no século XXI, e acreditar que as escolas de antes devem preservar-se para com as crianças de hoje, é o mesmo que desconsiderar a tecnologia, os avanços e as capacidades delas. É invalidá-las enquanto seres pensantes que estão cada vez mais à frente de muitas escolas que, ainda, insistem em concepções e práticas que destoam das demandas e das concepções de ser humano preconizadas.

Aqui, ressalto que os desafios na área educacional são muitos. A exemplo a formação continuada para professores; o equilíbrio entre as responsabilidades da família e da escola; os poucos recursos financeiros, o acúmulo de funções das equipes pedagógicas; a sobrecarga dos professores; conflitos nas relações interpessoais; a falta de atendimento especializados às crianças com necessidades educativas especiais e etc., são fatores que precisam ser compreendidos e transformados.

Pensar que, assim como a sociedade evolui, as pessoas também vão se transformando, experenciando novas emoções e se tornando diferentes. Por isso, a família, primeira instituição de valores, precisa ser encarada como aquela que muda porque é constituída por pessoas e, por isso, estão em constante formação. Sendo assim, considera-se que os costumes e os valores são mutáveis, pois eles atenderam a uma certa época.

Através da educação parental, é possível explorar e trabalhar nas escolas, com as famílias sobre a evolução das relações socioafetivas, trazendo em pauta a escola como a segunda maior instituição de valores e ensinamentos. É urgente uma corrente em defesa dessas mudanças e talvez por isso a educação parental vem cada vez mais se consolidando nos espaços escolares, trazendo temas importantes e pertinentes que eleva a qualidade dos relacionamentos e consequentemente a leveza do ambiente cultivando uma cultura de paz e amorosidade.

Nesse contexto, encontro na educação parental o elo que me conecta com o sujeito, numa condição linear, sem julgamentos, se alimenta na segurança e acolhimento que realizo ao escutar com empatia. A clareza de como lidar com tantas demandas e que cada ser é único, que mudamos o tempo todo e é esta a riqueza da vida, de poder errar e corrigir, de errar e acertar; que tenho um limite e preciso respeitá-lo; o elo que me conecta com o meu ser e uma clareza que me ilumina a olhar e validar o que sou e como sou.

A educação parental me apresentou desta forma, me fez perceber que o conhecimento é holístico e que somos como um encaixe de peças, que com respeito, gentileza e firmeza nos matemos em movimento e funcionamento de forma leve e saudável, mas se algo desencaixar tende a comprometer o todo. E o todo é a escola, o todo é a família o todo sou eu e pode ser você!

O ENCAIXAR DAS PEÇAS, O COMBUSTÍVEL QUE FAZ A RODA GIRAR

Discorrer sobre minha vivência me fez refletir sobre tudo o que vivi e aqui quero evidenciar como os instrumentos da educação parental impulsionou áreas de minha vida.

No pessoal, como mãe busco todos os dias entender a criança interior que tenho para não projetar em meu filho o que ele não está apto a me dá. Me fez respeitar o seu estágio de desenvolvimento e valorizar as suas conquistas. Me fez conhecer o meu estilo parental.

No interpessoal, a escuta ativa e o olhar sensível do educador parental contribuíram para que eu pudesse ser acolhedora com os meus pares e o diálogo respeitoso.

No profissional, momentos de trocas de experiências e orientações parentais, que denotam a riqueza de meu trabalho, pois quando oriento uma família, ganho muito mais do que ela, nela só adentramos se convidados, e esse trabalho me faz ser muito melhor como ser humano.

No escolar, o Educador Parental pode dirigir com excelência as relações humanas, trabalhando as competências socioemocionais, promovendo rodas de conversas com os professores, realizando formações continuadas com as temáticas socioemocionais, estilos parentais, as fases das crianças e seus estágios de desenvolvimento, tipos de educação, treinamento da atenção plena, dentre outros.

Atualmente, como psicopedagoga, realizo o meu trabalho utilizando os instrumentos da Educação Parental. Ressalto que não fiz transição de carreira, mas, fiz da minha atuação psicopedagógica a oportunidade em ser melhor e mais assertiva em meus atendimentos. Planejo o meu trabalho com ludicidade, com intervenções que foquem na resolução de problemas, na identificação, nomeação e verbalização das emoções e no treinamento da mudança de comportamento frente a uma emoção que esteja se desregulando. As possibilidades e clarezas da educação Parental me permitiram organizar e reunir os meus cursos e formações nesta profissão que trata o ser humano com muito zelo.

Entendo que precisamos acolher aqueles que nos procuram e chegar àqueles que se isolam e não pedem por ajuda. É um olhar de águia e um coração de girafa. Este é o educador Parental que atua na escola, que valida sentimentos e que busca pela qualidade das relações humanas.

É no chão da escola que sentimos a importância e notoriedade da educação parental. Sou testemunha deste crescimento que tem me elevado enquanto profissional de bons resultados.

Estude! Dedique-se e vamos construir uma educação socioemocional positiva nas escolas!

* * *

"A educação parental me levou a descobrir o verdadeiro valor do meu trabalho e o poder de proteger crianças e transformar famílias."

17.
EDUCAÇÃO PARENTAL: PROPÓSITO OU NEGÓCIO?

NATHALIE LIMA

RESUMO

Ver minha filha levar quatro tapas na boca mudou a minha vida. Me tornei uma Educadora Parental. Participar de formações e acumular certificados é a parte simples do processo. Nosso desenvolvimento passa pela profissionalização e esse caminho não depende de certificados, mas de uma postura interna que vai além de aprender diversas abordagens sobre parentalidade consciente. Viver o propósito e ser bem paga por isso é uma construção diária sobre a qual convido-a a refletir e a agir.

CURRÍCULO

Pedagoga; Mestranda em Educação; Especialista em Neurociências, Educação e Desenvolvimento Infantil e em Educação Parental e Inteligência Emocional; Educadora Master ESEPAS em Educação Sexual, Emocional e Prevenção ao Abuso Sexual; Atua em atendimento on-line a famílias e na Formação de Professores para Prevenção da Violência Sexual, Inteligência Emocional e Neurociências.

CONTATO

- 79 99137-1453
- @nathalie.liima
- prof.nathalie.lima@gmail.com

Eu já estava acostumada a receber as turmas mais difíceis da escola onde trabalhava. Era elogiada pela coordenação pedagógica em função do meu "domínio de classe". Estudiosa, comprometida e de poucos sorrisos. Uma receita perfeita para a disciplina em sala de aula.

Sinceramente, com tantas experiências em escolas públicas e privadas, eu achava que as mães eram loucas e desequilibradas.

"Para que tanta frescura?"

"Precisa de uma tempestade dessa por tanta bobagem?"

"Ah, se fosse meu filho não traria a tarefa desse jeito..."

Esses eram alguns dos pensamentos frequentes no meu universo profissional.

Até que, um dia, o coração começou a pedir por um filho e eu estava muito tranquila quanto a essa decisão. Já havia estudado bastante, conhecia sobre desenvolvimento infantil e como educar crianças obedientes.

O que poderia dar errado???

TUDO!

Com aproximadamente 4 anos, após desobedecer e receber uma bronca, minha filha deu língua ao pai, o qual imediatamente deu um tapa em sua boquinha. Por três longas vezes ela repetiu o gesto, em protesto pelos tapas, e acabou recebendo outros três tapas seguidos.

Naquele momento virou uma chave dentro de mim. Meu coração falava repetidamente: "Não coloquei uma criança no mundo para criar debaixo de porrada. Se existe algo no mundo que vá além desse tipo de educação, eu vou aprender!"

Desse dia em diante, não parei mais de ler e pesquisar até me deparar com o termo "educação parental". Não entendia bem o significado dessa profissão, mas percebia que as profissionais autodeclaradas "educadoras parentais" ensinavam exatamente o tipo de estilo de vida que eu buscava para a minha família.

Em poucos meses, comecei no universo das formações. Acho importante registrar, fiz muitas mais do que hoje eu considero necessárias para uma atuação de excelência.

Apliquei cada aprendizado dentro da minha própria casa e como se fosse um milagre...

ISSO FUNCIONA!!!

O próximo passo foi o desejo profundo de compartilhar tudo aquilo com outras famílias. Iniciei um trabalho nas redes sociais, comecei também a falar para amigos próximos que eu realizava sessões individuais para orientação de pais.

Foi quando "o pior" aconteceu!!!

Os primeiros clientes começaram a pedir informações, perguntar valores, solicitar atendimentos e aquela sensação de não ser boa o suficiente invadiu meu coração.

Para completar, eu nem sabia cobrar pelo meu serviço. Não valorizava e considerava todo valor cogitado caro demais.

Eu adquiri conhecimento específico sobre famílias, mas não estava preparada para as delícias e desafios de uma nova profissão.

Mesmo assim, agendei os atendimentos e sempre que precisava confirmar uma sessão, desejava internamente que o cliente cancelasse aquela consulta. A cada cancelamento, um suspiro aliviado. A cada confirmação um frio na barriga.

Nessa época, através de um conteúdo postado no Instagram, uma mãe entrou em contato comigo, pois estava recebendo reclamações da escola e precisava de ajuda com sua filha de 6 anos de idade.

Começamos um processo com encontros semanais. Eu seguia torcendo pelo cancelamento, ela NUNCA adiou uma sessão sequer.

Os resultados começaram a aparecer, a ansiedade da criança diminuiu, o desenvolvimento escolar foi notado, o uso de telas foi reduzido, o hábito de leitura foi estabelecido. Conquistas realmente significativas para aquela família.

Dentro de uma conversa com aquela mulher, enquanto ela relatava e agradecia por todas as conquistas, muito mais ela fez por mim.

Com toda simplicidade e sem cerimônia ela disse: – Nathy, por que você cobra tão barato pelo seu trabalho? Você é uma especialista. Seu trabalho mudou a minha família. Você precisa se valorizar!

Eu cobrava noventa reais por sessão e mesmo assim, internamente, esse valor ainda era alto demais. Ela me deixou sem argumentos. Fiquei sem jeito, tão envergonhada, mas aquelas palavras entraram no meu coração.

Comecei a enxergar o meu trabalho não apenas como uma missão de amor e um propósito de vida, mas como um negócio de verdade.

Passei a registrar cada depoimento em forma de prints, inclusive solicitando ao cliente quando não recebia espontaneamente. Com base em todas as formações já concluídas, desenhei um processo autoral de atendimentos, aumentei o valor das sessões, elaborei pacotes de atendimentos, gravei um curso para ser vendido em plataforma digital e escrevi um livro infanto-juvenil acerca da prevenção ao abuso sexual contra crianças.

É claro que todo esse processo não aconteceu de um dia para o outro e também não é uma evolução linear. Eu ainda acordo, muitas vezes, torcendo por um cancelamento e duvidando que posso ajudar aquela família com desafios tão grandes.

Não raras vezes, penso em encaminhar casos complicados para educadoras parentais mais experientes – como se não estivéssemos todas praticamente na mesma página da educação parental.

Porém, existem dias incríveis, nos quais eu durmo com a certeza de que fiz a diferença na vida de uma família e de que o trabalho do educador parental pode transformar o mundo.

Quando os desafios da minha própria maternidade surgem, ainda chego a pensar que sou uma fraude, mas minutos depois, ao notar minha Helena cheia de autonomia e posicionamento, respiro aliviada e acredito que a educação parental foi a melhor escolha da minha vida!

Hoje, em 2023, aproximadamente 3 anos após o início dessa jornada, encontrei minha tribo dentro do SERMEP – Ser mais Educador Parental – e consegui compreender que o processo nunca foi uma transição de carreira, mas é sobre a minha habilidade para juntar os conhecimentos e as experiências da Pedagogia e da Educação Parental.

A partir desse entendimento, consegui encontrar o meu lugar no mundo. O livro "Turma da Aninha," em "A Brincadeira que Protege", tem ganhado espaços importantes nas escolas e nos lares, no Brasil e fora do país. Iniciei um trabalho muito especial com palestras para pais e crianças, bem como ministrando formação de professores acerca dessa temática tão desafiadora.

Ainda existe um belo caminho a ser trilhado e muitos lugares a serem conquistados dentro da missão de orientar famílias e educadores no sentido de proteger crianças e adolescentes da violência sexual. Sinto que estou apenas no começo de uma linda trajetória!

Eu não sei em qual momento da profissão você se encontra. Se está na fase da paixão ou da profissionalização, do propósito ou do negócio; eu posso lhe garantir que uma coisa não exclui a outra.

Restaurar famílias, proteger crianças e mudar o mundo é belo, é nobre, é digno. Perceber a própria potência, ser reconhecida e bem paga por um trabalho tão incrível é igualmente recompensador e nós merecemos o pacote completo!

* * *

"O correr da vida embrulha tudo: a vida é assim: esquenta e esfria, aperta e daí afrouxa, sossega e depois desinquieta. O que ela quer da gente é coragem"
Guimarães Rosa

18.
EDUCAÇÃO PARENTAL: PONTE ENTRE A VIDA PESSOAL E PROFISSIONAL NA MUDANÇA DE CARREIRA

NÍVEA CRISTINA DA SILVA VIANA

RESUMO

A Educação Parental permeou minha história desde a infância. Trata-se de uma trajetória cheia de escolhas singulares, desconexas, particulares, únicas que se alteram e interagem na busca incessante e ininterrupta pelo equilíbrio dinâmico entre minha vida pessoal e profissional.

CURRÍCULO

Sou natural de Ouro Preto, casada, mãe de adolescentes. Atuo como educadora parental e coach familiar na condução de processos individuais, workshops e palestras. Possuo Certificação em Professional e Leader coach (Iaperforma), kidscoaching (Instituto de Coaching Infanto Juvenil) e Expert Parent Coaching (Laboratório de talentos Digitais Parent Coaching). Conclui os cursos de Análise de Perfil Comportamental, Practitioner e Master practitioner em PNL, SERMEP e Adolescências Plurais. Atuo no Projeto Diário da Mãe em Construção e na comunidade Mães de Adolescentes em Construção.

CONTATO

- 31 98937-3779
- @niveavianacoachfamiliar
- niveavianacoach@gmail.com

Há quatro anos atuo exclusivamente como coach familiar e educadora parental, mas não foi sempre assim. Por 16 anos trabalhei na mineração como geóloga, e meu processo de transição de carreira se iniciou há cerca de oito anos atras. Uma jornada instável, que Guimarães Rosa expressou de maneira maravilhosa referindo à vida como um fluxo constante de mudanças, de momentos de alegria e tristeza, de paz e agitação. A vida é assim, diz Riobaldo, ela "esquenta e esfria", "aperta e daí afrouxa", "sossega e depois desinquieta". Talvez seja isso mesmo, mudanças, transições, são momentos na vida repletos de coragem, acima de tudo. Entendendo coragem o ato de agir com o coração, conforme título do livro do escritor brasileiro Fred Elboni.

Aceitar-me como educadora parental ainda é um desafio, devido aos meus conceitos a respeito dos termos. Educação ainda me remete a uma via de mão única, onde existe o educador, aquele que retém o conhecimento e o educando, aquele que demanda de conhecimento. E não me sinto detentora de conhecimentos a ponto de ser denominada de educadora, dentro deste contexto.

A geologia com o conceito de solução sólida, me trouxe um pouco mais de conforto para me intitular educadora. Na natureza, solução sólida é coexistência de dois minerais, em diferentes proporções, ou seja, nenhum deles se encontra isoladamente na versão de 100%. Eles coexistem em diferentes proporções. Um só existe se existir o outro em alguma proporção. A brilhante frase de Paulo Freire traduz o que busco explicar: "quem ensina aprende ao ensinar e quem aprende, ensina ao aprender". Ou seja, o binômio aprender-ensinar, para mim, é uma solução sólida.

E o outro aspecto, refere-se ao termo parental, que também me reflete com um viés limitante. A parentalidade se enquadra dentro de um sistema maior denominado família. Ainda hoje, por vezes, me pego pensando se o termo educadora familiar não seria mais apropriado. Mas, o fato é que como no mundo atual, o foco das famílias geralmente está centrado nos filhos, na geração mais nova, talvez o termo parental se faça mais atrativo. Na verdade, me sinto educadora parental, atuando como educadora familiar.

Aprendi também com o James Hutton (1726 – 1797) naturalista e geólogo escocês, reconhecido como o "pai da geologia," que o presente é a chave do passado, ou seja, estudamos as rochas e os processos no presente para compreender o passado. Então, vou iniciar pelo inverso, começando essa narrativa descrevendo algumas experiências do passado para conseguir compreender os desafios e as delícias da minha profissão atual.

Meus pais, assim que se casaram, ingressaram no Movimento Familiar Cristão, um braço da igreja católica que se destina a ajudar na formação e no desenvolvimento das famílias. Cresci em um ambiente que respirava a importância do aprendizado e da troca para fortalecer e manter as relações familiares, bem como para proporcionar o desenvolvimento físico e emocional dos filhos. Ou seja, cresci aprendendo que é preciso estudar para ser pai e para ser mãe.

Essa experiência facilitou a minha escolha por estar alinhada com meus valores familiares. Por outro lado, me trouxe uma limitação: como ajudar famílias pode ser uma profissão remunerada?

No período em que trabalhei na mineração, a educação parental se apresentava através do meu comportamento, minha fala onde, sem querer, e de alguma maneira, eu proporcionava um ambiente seguro para a partilha e troca. Muitas conversas que se iniciavam como demandas profissionais migravam naturalmente para questões pessoais e familiares. Na verdade, eu tinha e ainda tenho um interesse genuíno em conhecer as pessoas e suas histórias, além do profissional. E, assim, eu desabafava, elogiava, dava conselhos, me indignava e, definitivamente, me importava em direcionar o olhar para essas questões, uma vez que sempre acreditei que o bem-estar pessoal e familiar influenciam diretamente na performance profissional de cada um.

Quando assumi o cargo de gestão, tive acesso a cursos que permitiram desenvolver autoconhecimento e esclarecer um pouco mais sobre as nuances das relações pessoais. Um dos primeiros cursos que fiz foi sobre os perfis comportamentais. Eu fiquei encantada, pois foi a primeira vez que vi números e gráficos para representar tendências comportamentais. Achei fascinante. Me recordo que apresentei a temática ao meu marido e, no fundo, discutimos as nossas percepções sobre os perfis na intenção de nos identificarmos, entendermos nossas semelhanças e diferenças para estabelecermos novas diretrizes para a nossa relação. E o mais lindo, foi perceber que funcionou. Os conceitos de perfis comportamentais passaram a ser um dos alicerces da minha profissão emergente.

Somando todas as experiências, entendi que precisava fazer algo diferente na minha vida profissional. Então, tive a oportunidade de fazer a formação Life and Team Coaching. Foi amor à primeira vista e, neste momento de impulsividade, escolhi fazer a transição de carreira para coach. Meu primeiro coachee foi meu marido (de novo), pois pensei, se foi tão bom para mim, vai ser também para ele. Na verdade, foi bom mesmo para a família, pois, nesta oportunidade, remodelamos um sonho familiar, que foi realizado e representou o nosso refúgio e abrigo na pandemia.

Lembro de um dia que cheguei para trabalhar e, ao cumprimentar um colega, este respondeu olhos mareados dizendo que não estava bem, pois estava com dificuldades nas relações familiares. A partir de algumas perguntas (no coach aprendi a ouvir mais do que falar e quando falava, perguntava), percebi a transformação. Pequena mudança na postura, no tom de voz, no olhar, incitando um fio de confiança, um primeiro passo. Foi neste episódio que reconheci o meu potencial em encorajar a transformação nas famílias.

Mergulhei de cabeça nos estudos. Entrei para o mestrado na arte em coaching, fiz formação em análise de perfil comportamental e em kids coaching. Ao ler Comunicação Não Violenta, me identifiquei muito com uma de suas bases conceituais: de que somos seres compassivos e utilizamos a violência nas suas diferentes expressões por falta de recurso para atingir as nossas próprias necessidades. Foi assim que a CNV passou a fazer parte do meu repertório.

Na minha vida pessoal, informei ao meu marido que iria mudar de carreira, mas que iríamos, juntos, construir essa ponte e, na empresa, informei ao meu gestor sobre a transição de carreira. Mantinha os estudos, atendia sem custo, encarando a experiência como estágio e aplicava os conhecimentos na minha vida pessoal. Me sentia cada vez mais confortável, tanto no profissional como no pessoal. Os processos apresentavam resultados acima do esperado, e eu me sentia mais próxima das minhas filhas e conseguia manter a harmonia e o respeito quando ocorria divergências de opinião nas conversas com meu marido.

Comecei atender crianças e a ter retorno financeiro pela atuação. Em uma sessão com uma criança e os seus pais, esta relatou que conseguiria mudar o comportamento desafiador e objeto da procura por ajuda, caso os pais parassem de ameaçá-la. Ao ouvi-la, parei, pensei e refleti. Essa criança está se sentindo ameaçada pelo comportamento dos pais? Como resposta a esta indagação, escolhi meu nicho profissional, pais ou responsáveis por crianças e adolescentes.

Finalizei as disciplinas do mestrado e iniciei o curso de Master Praticttioner e Praticttioner em Programação Neuro Linguística (PNL) pela Casa da PNL. Foi através destes cursos que compreendi com mais clareza como as experiências vividas no ambiente familiar possuem o poder tanto de impulsionar como de limitar os comportamentos futuros. Como exigência do curso, participei de um estudo de mapeamento de habilidade de educar filhos autônomos.

Foi um trabalho ousado, pela complexidade do tema e limitação do tempo para desenvolvê-lo. Esta vivência expandiu minha consciência acerca da necessidade em aprofundar estudos sobre relações familiares e educação consciente, pautada no acolhimento e compreensão dos sentimentos e necessidades.

Entendi que precisava dedicar mais tempo para a nova profissão e para minha família; estava na hora de "pendurar o martelo de geóloga". Imediatamente, veio a sensação de liberdade. Queria aproveitar e apreciar essa minha "aposentadoria" da geologia e das regras de empresa privada, como assim eu chamei. Descansei alguns meses, me sentia merecedora pelos dezesseis anos de dedicação.

Quando estava me preparando para iniciar o novo ciclo, veio a pandemia. E a pandemia trouxe ainda mais medo, insegurança e, claro, todo mundo para dentro de casa comigo, além do luto pela perda do meu cunhado. Aliado a isso tudo, ocorreu a mudança estrutural familiar para adequação da nossa nova realidade financeira.

Com todas essas demandas crescentes em casa, eu não conseguia focar. As iniciativas que eu tinha planejado precisavam ser reajustadas, devido ao isolamento social, e eu não sabia como. Eu tentando encontrar meu lugar tanto no novo momento familiar como profissional. Foi intenso demais.

Me senti completamente incapaz, o que foi potencializado pelos desafios internos com a minha família. Pensava, se não estou conseguindo lidar com as questões internas, como posso ajudar outras famílias? E nesse momento de pandemia, como fuga, me movimentei para um lugar onde eu me sentia mais confortável, números. Dediquei uma parte do meu tempo para estudos sobre investimento financeiro.

Esse ainda é um grande desafio. Frequentemente tenho a ilusão de que eu, atuando como coach familiar e educadora parental, não posso ter determinados tipos de problemas familiares. E quando acontecem, preciso resolvê-los rapidamente, claro, pois conheço técnicas, estudo, né? De forma consciente, sei que não é assim, mas no dia a dia, esse pensamento me atropela.

O que me ajuda é pensar nestas situações a partir da metáfora do furacão, ou seja, o entender os problemas familiares como furacões. Então, se acontecem em outras famílias, estou fora do furacão e nesta posição consigo visualizar tudo rodando, o que me oferece clareza para atuar. Agora, quando acontece na minha família, estou no furacão e giro junto. Nesta posição não é possível entender com clareza o que está acontecendo. Hora de esperar um pouco ou pedir ajuda. Então me acolho e entendo que isso não me incapacita a exercer minha profissão. E assim vou seguindo.

Depois de alguns meses, recebi um convite para fazer uma live no perfil de uma escola sobre comunicação não violenta. Uma tentativa para ajudar pais e professores. Foi minha primeira experiência nas redes sociais. Um desafio e tanto. Após a live, alguns professores me procuraram para saber mais. Entendendo a demanda, eu estruturei e ofertei um curso online e gratuito. Ao término, as avaliações foram positivas e mais três turmas foram concluídas. Houve adequação deste para pais de adolescentes com o nome Conectando Nossas Vidas através da CNV.

Na Internet, me deparei o curso Expert da Parent Coaching Brasil e o que me motivou a ingressar foi a estruturação deste em três pilares: conhecimento técnico de coaching parental, conhecimento técnico na área do empreendedorismo e autoconhecimento. Bingo! pensei, é disso que preciso, principalmente, aprender sobre empreendedorismo. Durante esse estudo, limitei ainda mais meu público-alvo: mães de adolescentes.

Sentia minha jornada muito solitária, então, juntamente com Flávia Gomes, coach, desenvolvemos e implementamos um curso para pais, inspirado na nossa pesquisa de como educar filhos autônomos. Este foi batizado como Educação Por Pontes. Os pais e mães que participaram se comprometeram a avaliá-lo e disponibilizar os feedbacks. Tivemos bons resultados, avaliações ricas, mas a dificuldade em comercializá-lo se mantinha.

Em novembro, participei virtualmente do Primeiro Congresso Internacional de Educação Parental e foi tão inspirador que, ao seu término, comprei ingresso para participação presencial no ano seguinte. Além do aprendizado técnico, vislumbrei também o potencial de conhecer pessoas, buscar parcerias e oportunidades.

Em paralelo, busquei alternativas para aprender sobre imagem pessoal, posicionamento nas redes sociais, através de profissionais que se predispunham a trocar serviços.

Participei da conferência online (Positive Parenting Conference), que disponibiliza masterclasses com autores da literatura mundial sobre autoconhecimento e educação familiar. Elaborei e executei um projeto que objetivou impulsionar minha participação nas redes sociais, bem como consolidar os conhecimentos recém-adquiridos, através de lives com participação de uma mãe convidada. Foi uma experiência incrível, proporcionou desenvoltura e tranquilidade na participação e condução de lives. Entendi também a importância de proporcionar espaço para as mães contarem suas experiências e o quanto isso as empoderava, pelo resgate da própria história.

Imersa neste sentimento, idealizei um projeto chamado Diário da Mãe em Construção, com o objetivo de cuidar da família, utilizando como porta de entrada a saúde emocional materna, através da formação de uma rede de mães. A rede é formada pela escrita e compartilhamento das próprias histórias através de cartas, que são divulgadas semanalmente no blog homônimo. Convidei mães e profissionais do meu convívio que abraçaram a ideia e ajudaram para que ela fosse agraciada como extensão pelo Instituto Federal de Minas Gerais dos campi de Congonhas e Ouro Preto, através da participação de funcionárias, professores e estudantes bolsistas.

Particularmente, e inicialmente, esse projeto veio saciar a minha necessidade de fazer algo em prol das famílias sem remuneração, o que me proporcionou conforto e permissão interna para ser remunerada nas outras iniciativas.

Vislumbrei também a oportunidade de aperfeiçoar conhecimentos em empreendedorismo através do curso do EMPRETEC. Esse curso me alertou sobre escolhas e ritmo de vida. Foi potente ao esclarecer que eu possuía, em alguma proporção, todas as habilidades necessárias para empreender, e que precisava desenvolvê-las, ou seja, eu tinha potencial.

A participação presencial no Congresso Internacional de Parentalidade Positiva em 2021 superou minhas expectativas. Conheci e me identifiquei com profissionais que proporcionaram, além da amizade, parcerias, como participação como palestrante no Congresso Plante, em Petrópolis, idealizado pela Mônica Fiorante.

Na intenção de aperfeiçoar meus conhecimentos em projetos sociais, participei de uma aula com a educadora parental Ana Paula Alves sobre esse assunto e ela me apresentou o SERMEP (Ser mais Educador Parental). Participar do SERMEP me abriu oportunidades únicas, com a de participar deste livro.

O projeto Diário da Mãe em Construção foi evoluindo e, em dezembro, houve o lançamento do primeiro livro, no qual eu participo como organizadora e coautora. Uma maravilhosa coletânea de 64 cartas contado histórias reais de 28 mães. Aquelas mães que acreditaram, lá no começo do projeto, transformaram-se em mães escritoras. Lindo, né?

O lançamento físico ocorreu em conjunto com uma exposição, trazendo as diferentes facetas do projeto, como trechos de cartas, de podcasts, além de proporcionar acolhimento para as mães e demais visitantes. Uma oportunidade para lançarmos o olhar para as relações familiares e os sentimentos maternos. Aconteceu em três momentos, em espaços públicos, em duas cidades diferentes.

No congresso de 2021, eu conheci a psicóloga e educadora parental Carla Amaral e nos aproximamos, por nossas afinidades pessoais e profissionais. Em 2023 lançamos a comunidade Mães de Adolescentes em Construção. Trata-se de um clube de assinaturas que disponibiliza conteúdos diversos sobre a adolescência e proporciona espaço de troca entre nós, mães. Objetiva levar um outro olhar acolhedor e positivo para a adolescência nas famílias, com mais compreensão, conhecimento, acolhimento.

Entendi, portanto, que precisava delimitar as minhas prioridades profissionais e assim o fiz. Decidi desistir do mestrado. A minha jornada é definida pela preocupação com a utilização e gestão do tempo, importância de parcerias para apoio, ajudar e ser ajudada e, acima de tudo, direcionar um olhar genuíno de confiança nas pessoas e nas famílias. Sigo caminhando na busca pelo patamar financeiro desejado, e nesta jornada reconheço a existências de experiências únicas que estão me preparando e direcionando para este objetivo específico.

A cada dia, me sinto grata pelo caminho que estou trilhando, e sinto que me torno uma mãe mais consciente, uma esposa mais presente, uma profissional mais capacitada e segura, e uma mulher mais realizada. Atenta, é claro, que é um caminho sem fim, pois o que me move é a relação entre gerações nas famílias, e as gerações mais novas emergem a cada dia, de uma forma diferente, e é preciso aprender sempre! Termino, inspirada nas palavras de Gonzaguinha.

"Nunca se entregue, nasça sempre com as manhãs, deixa a luz do sol brilhar no céu do seu olhar. Fé na vida, fé no homem, fé no que virá. Nós podemos tudo, nós podemos mais, vamos lá fazer o que será"

Gonzaguinha

* * *

"O que importa na vida não é o ponto de partida, mas a caminhada. Caminhando e semeando, no fim terás o que colher".

Cora Coralina

19.
EDUCAÇÃO PARENTAL: UMA MISSÃO DE VIDA COM PROPÓSITO EM FORTALECER VÍNCULOS FAMILIARES

RENATA CAIRES DE SOUZA

RESUMO

Percorri um longo caminho até entender, de fato, o que era ser Mãe e que essa trajetória traria para vida de um pequeno ser, que estava sendo gerado em meu ventre e que, muito em breve, estaria sorrindo ou chorando em meus braços. Contudo, sigo em desenvolvimento maternal e entendi que minha maior missão é cuidar da minha família e, através dos conhecimentos adquiridos, ajudar outras famílias a se estruturarem e se conectarem de forma leve e respeitosa.

CURRÍCULO

Sou natural de São Paulo, casada e mãe de um adolescente, Andrey de 12 anos. Possuo formação em Pedagogia pela Universidade Nove de Julho, Psicopedagogia Clínica e Institucional pela Universidade Brasil, Expert Parent Coaching, Coaching Teen pela Parent Coaching Brasil, e Parentalidade Consciente pela Academia de Parentalidade Life Training, com os CEOs Mikaela Övén e Pedro Vieira e Ser Mais Educador Parental.

CONTATO

- 11 95490-9164
- @renata_ccaires
- renatacaires.souza@gmail.com

CONHECENDO A EDUCAÇÃO PARENTAL

Educação parental, para mim, é um termo ainda em construção. Conheci essa nomenclatura em 2021, quando, preocupada em ajudar e auxiliar as mães e alunos que atendia como professora durante a pandemia de COVID-19. Famílias que viviam em um mesmo ambiente, mas que não conviviam.

Muito curiosa e adepta a novas informações, fui à busca de instrumentos que pudesse utilizar para sanar a desconexão de mães e filhos durante o período de isolamento social. Não foi nada fácil. Por muitas vezes, pensei em desistir. Eu me sentia insegura, despreparada e cansada emocionalmente.

Em fevereiro de 2021, conheci a Jacque Vilela. Participei de uma imersão que ela estava promovendo no YouTube. Cada dia, cada aula, cada palavra que a Jacque falava, meu coração gritava. Eu almejava fazer parte dessa formação. No dia seguinte, ao término da imersão, abririam as inscrições. E assim eu fiz: me inscrevi para essa jornada. Acredito que esse é o meu propósito de vida: ajudar pessoas, mães e adolescentes a se perceberem e se conectarem neste mundo. E aqui estou eu, estudando e me conectando com famílias, com mães e adolescentes.

FAMÍLIA MINHA BASE, MÃE ME EXEMPLO

Com todas as informações e estudos que vêm fazendo parte do meu dia a dia, pude notar que a Educação Parental permeou a minha vida desde a infância. Filha do Sr Lourivaldo, (meu herói), homem trabalhador, honesto e integro, porém, ausente na educação dos filhos devido sua carga horaria de trabalho; e da Dona Aurea, mulher sábia e integra que renunciou aos prazeres e aos desejos em prol de seus 3 filhos.

Eu não fui uma criança planejada e deseja. Vim de intrometida (como diziam). Meu irmão mais velho tinha apenas 8 meses quando minha mãe ficou gravida novamente. Foi um susto, pois ela ainda estava amamentando. Mas, em meio a muitas turbulências eu nasci em 16/03/1982, linda e bela. Eu cresci em um lar cristão, cheio de amor e harmonia. Porém, minha adolescência foi marcada por aventuras, conflitos, desconexões e conexões. Hoje, já adulta e mãe, vejo como a educação que minha mãe me deu foi essencial e exemplar. Minha família é e sempre será minha base; minha mãe, meu exemplo de educadora parental.

"Desconexões são uma parte normal de qualquer relacionamento. É mais proveitoso canalizar a energia para explorar as possíveis rotas de reconexão e considerar essas situações como oportunidades de aprendizagem, do que nos menosprezarmos por nossas supostas falhas. Respire fundo e relaxe! Todos nós continuamos aprendendo ao longo da vida." (Daniel J. Siegel)

EU SOU UM MILAGRE, MEU FILHO É UM MILAGRE

Um ano depois de casada, eu almejava ser mãe. Fiz todos os exames necessários e, após um ano e meio, engravidei. Feliz da vida, fui fazer meu primeiro ultrassom, juntamente com meu esposo. E, para nossa tristeza e angústia, não havia embrião. A médica disse que poderia ser uma gravidez anembrionária, deveríamos aguardar para ver como o corpo reagiria e que deveríamos voltar para um novo exame em um mês.

Outubro de 2010 foi longo, sofrido e interminável. Em meados de novembro, voltamos à clínica para um novo ultrassom. Entrei sozinha; não quis que meu esposo entrasse. Disse à médica que ele poderia entrar se tivesse bebê. Caso contrário, ele aguardaria na recepção.

Na sala do exame havia uma televisão virada para mim. Após 10 minutos do início do exame, a porta da sala se abriu; era meu esposo entrando. Ouvimos o som mais lindo de nossas vidas: o coração do nosso filho batendo. Pai e mãe, naquele momento, não contiveram as lágrimas que, dessa vez, eram de alegria! Que emoção! Que sentimento único, saber que eu seria mãe; a mãe do ano.

Dra. Amélia disse que o bebê estava brincando de esconde-esconde com os pais, eu estava de 12 semanas. Foram 37 semanas de alegria, choro, medo, pânico e gratidão. Durante toda a gestação, eu tive prurido gestacional devido à incompatibilidade de hormônios.

Enfim, dia 20/06/2011, às 9:53h, meu milagre, meu príncipe, nasceu com 48,5 cm, 3.120 kg e me tornei MÃE

Assim, dá-se início a uma longa e incansável jornada de buscas incessantes para ser a melhor mãe, a mãe atual, a mãe trabalhadora, que, por fim, não passava de ser a mãe que não sabia ser mãe.

Três meses se passaram e essa mãe se viu na missão de cuidar de sua mãe que estava com metástase de um agressivo carcinoma. Cuidar de seu pai e irmãos. Cuidar de duas casas. Cuidar de um recém-nascido e do esposo.

Meu sonho sempre fora amamentar; era o momento mais lindo entre mãe e filho. Infelizmente, esse sonho chega ao fim em uma manhã, após, a notícia da doença da minha mãe. Sim!? O meu leite secou da noite para o dia. Tive depressão-pós-parto, devido a esse anúncio avassalador. Foram meses de muito sofrimento e angústia.

Em julho de 2013 minha mãe partiu para os braços do pai, voltou para casa. E, agora, aquela menina mãe se vê sozinha, sem sua melhor amiga, sem seu exemplo. Meu mundo virou de cabeça para baixo.

Graças a Deus, ao meu filho que, ainda bebê, me deram forças para prosseguir; ao meu esposo que nunca me abandonou e que, nos piores momentos, segurou minha mão e colocou-me em seus braços cheio de amor; a minha família, pai, irmãos e cunhadas, pelas palavras, conforto e segurança; a minha sogra por seus conselhos, ensinamentos, broncas e apoio emocional, espiritual. Estas pessoas foram e são minha rede de apoio e acolhimento constante. Esses acolhimentos frente à partida da figura materna, me tornaram forte para suportar a dor da perda e o que haveria de acontecer.

O MATERNAR

Foi nesse contexto que comecei a minha jornada rumo à Educação Parental; as vulnerabilidades derivadas da maternidade e a perda da figura materna. Neste momento, destaco que a maternidade contribuiu para eu encontrar comigo mesma. Encontrei a chave dessa missão e do legado deixado pela minha mãe.

Eu li muitos artigos, livros, sites, vídeos aula. Enfim, tudo sobre como ser a mãe ideal. Porém, na prática não havia sucesso. Eu continuava errando, mas aprendendo. Eu desisto. Em meio a erros e acertos, fui seguindo meu maternar da melhor forma possível. Pois, ser mãe é uma dádiva; é uma missão linda e transformadora. Eu amo ser mãe!

"A força de uma mãe está no seu aprendizado, não somente nos seus acertos." (Ana Paula S. Alves)

MISSÃO DE VIDA

"Passar por problemas, lutas e dores faz parte da caminhada, mas é você que decide se vai vencê-los, ou deixar eles vencerem você." (AUGUSTO CURY)

Minha jornada foi e é marcada por desafios. Quando passei a me dedicar aos estudos e formações, me encontrei em uma mesa cirúrgica enfrentando outros desafios comigo mesma.

Contudo, as provações não acabaram. Iniciei o ano sem emprego, tendo que fazer transição de carreira em curto prazo. Notei-me bloqueada, até começar a ter aulas com a Ana Paula Sant Ana do projeto

SERMEP – Ser Mais Educador Parental. Com sua autenticidade, carinho e respeito, me ajudou a desvendar a verdadeira Educadora Parental que existia em mim. Dei-me conta de que tudo que estava passando era um processo de transformação inquietante que exigia outros olhares, outros conhecimentos, outras caminhadas para, a partir de mim, me apresentar ao mundo.

Concluída a travessia, juntamente com duas colegas, precisei fazer um workshop para conclusão do meu curso em Parentalidade Consciente; foi um sucesso. Através dele, uma amiga pastora me convidou para fazer uma imersão para mães de adolescentes em sua instituição. Sem delongas, aceitei o convite e mergulhei em livros, artigos e conversas sobre quais eram as maiores dificuldades que as mães tinham para se conectarem com seus filhos de forma harmoniosa e respeitosa. Ali nascia a Imersão Mães Plena, uma abordagem significativa de educação parental com a parentalidade consciente.

Foram 4 dias de muitas descobertas, relatos e conexões de uma mãe para outras mães, de coração pra coração. Durante esses dias, ouvi muitas histórias de traumas, desconexões, gritos, imprudência, incongruências, falta de respeito, falta de limites, culpas, medos, dores...

A cada palestra, transformações ocorriam; mães que não tinham diálogos com seus filhos, passaram a utilizar a comunicação respeitosa; mães autoritárias se tornando mães afetivas. E a cada fala, eu me emocionava e dizia para mim mesma: estou no caminho certo! Estou fazendo a coisa certa! Essa é a profissão que sempre sonhei.

A PROFISSÃO DOS SONHOS

Uma das melhores satisfações da vida é poder trabalhar todos os dias naquilo que te dá prazer, no que sempre sonhou em fazer. "Feliz daquele que ama sua profissão e consegue transformar o seu dia a dia em algo muito mais prazeroso e divertido". (Paulo Coelho).

Em 2022, fiz alguns atendimentos pro bono, para fim de certificações. Foram processos de grandes descobertas; as devolutivas me encorajaram a prosseguir. Eu não tenho dúvida de que essa é minha missão de vida. Foi gratificante e prazeroso ouvir depoimentos sobre como a educação transforma as pessoas.

Veja esses depoimentos, como uma construção!

"Me chamo Steffany, tenho 29 anos, noiva em construção. Dentista e muito ansiosa. Quero resolver tudo sozinha, sem ajuda de ninguém. E as seções com a Educadora Parental Renata me ajudaram a administrar melhor o meu tempo, deixar que as pessoas ao meu redor possam me ajudar a resolver determinadas coisas e que está tudo bem. Pois, preciso pensar em mim em primeiro lugar. Através dos instrumentos utilizados, consegui ter uma visão de como iria estruturar minha família de forma consciente e saudável. Focar mais em meus objetivos e sonhos, traçar metas e planos, e sempre lembrar de que tudo tem o seu tempo e que não preciso me sobrecarregar para realizá-los. Hoje, após a conclusão do processo, me sinto menos ansiosa, mais organizada, leve e pronta para ter uma família saudável e feliz."

"O processo da Educação Parental me ajudou a vencer crises de ansiedade. Com a roda da vida, consegui compreender onde eu precisava trabalhar para a melhora. Através das sessões, percebi que, devido às minhas crises, estava deixando de sonhar. Entendi a importância dos sonhos para conseguirmos cumprir nossos objetivos e termos algo porque lutar." Kaue Henrique.

"Eu conheci o trabalho da Renata em um momento de muitas turbulências na minha vida. Nesse período, meu pai estava internado com um quadro de trombose no coração e embolia pulmonar, agravadas por um quadro de infeção adquirido em seções de hemodiálise. Minha vida virou de cabeça para baixo e eu já não sabia mais qual atitude tomar. A minha família, há alguns anos, acabou sendo desestruturada devido meu pai tomar a decisão de se ausentar de sua família e ir conviver com uma outra mulher. Nessa situação, acabei assumindo as reponsabilidades de orientadora e mantenedora da minha casa. E o fato do meu pai agora estar doente e mais próximo de nós (eu, minha mãe e minha irmã), foi como reviver as situações passadas e o despertar de algumas dores e ressentimentos do passado. Diante dessa situação, passei a realizar as sessões com a Renata, onde pude identificar e estabelecer os limites na minha família, entre a minha mãe, minha irmã e meu pai e, com isso, compreender e exercer o meu papel de filha dentro dessa família. Outro ponto que tem me ajudado muito foi o descobrimento de quem eu sou. Pois, no decorrer da nossa vida, muitas coisas e situações nos moldam e criam uma imagem, um conceito, sobre o que não é o nosso verdadeiro eu. Mas, nessas sessões, estou podendo conhecer e amar quem realmente eu sou." Janaina Almeida

Percebo que na Educação Parental existem vários caminhos a serem trilhados, e um deles, tenho tido muito prazer: contribuir com os adolescentes em uma comunidade cristã, da qual faço parte (Getsêmani). Estar com a JUVENTUDE ELEVE me faz sentir viva, alegre, resiliente, ouvinte, amável, encorajadora e desbravadora. Eles são as minhas pedras preciosas; as meninas dos meus olhos. Eu amo estar com eles, orientá-los, ouvi-los, abraçá-los; encorajá-los a viver novos horizontes e a sonhar coisas grandes, as quais Deus tem para cada um deles. Amo vocês!

EDUCADORA PARENTAL EM CONSTRUÇÃO

"Educação não transforma o mundo. Educação muda as pessoas. Pessoas mudam o mundo." (Paulo Freire)

Sigo estudando, me construindo e me descobrindo como Educadora Parental. Sei que existem ciclos que se encerram e outros que se iniciam. O Eu Educadora Parental está em construção. Pois, a cada mãe, a cada adolescente que atendo, são transformações e transbordos que espalho e que me conectam.

Hoje, sou uma mãe plena, respeitosa, amorosa, ouvinte, que se dedica à educação do filho, de forma conecta e harmônica. Temos um relacionamento saudável, aberto e, acima de tudo, respeitoso. Nossos diálogos nos trazem trocas de experiências. Amo ser a mãe do Andrey: meu pedaço do céu! Meu milagre! Meu menino! Meu melhor e maior presente! E como ele diz: "Eu só sou mãe porque ele existe". Eu sou a mãe mais feliz do mundo, por tê-lo. Como é bom ter você para chamá-lo de meu filho. Te amo Andrey!

"A essência do diálogo é a escuta respeitosa, o aprendizado e a troca de experiências". (Jacqueline Vilela)

Sinto-me bem-aventurada, da mãe e educadora que me tornei. Tenho muito que aprender. Sou uma Educadora Parental em construção, com orgulho.

* * *

"A Parentalidade é um relacionamento, não uma técnica. É por isso que devemos manter o nosso foco mais na conexão e menos na instrução."

Bridgett Miller

20.
MINHA TRAJETÓRIA DE VIDA ME LEVOU A EDUCAÇÃO PARENTAL

ROSELANY JUNGER DA SILVA

RESUMO

Experimentar a infância pelos olhos dos meus pais. Brincadeiras e vivências da infância, frustrações e desejos da adolescência, descobertas e desafios da vida adulta. Em pleno século 21, me deparo com a Educação Parental, peça que faltava para transformar algo que parecia estar perfeito. Precisei me reconstruir como esposa, mãe e profissional.

CURRÍCULO

Casada, tenho dois filhos. Professora há mais de 20 anos. Gestora escolar. Educadora Parental.Mentora de profissionais da educação. Escritora, palestrante.Especialista em educação infantil e desenvolvimento (UCAM); Gestão e estratégica de investimento da educação básica (FIOCRUZ); A creche e o trabalho cotidiano com crianças de 0 a 3 anos (PUC-RIO). Pela Parent Coaching, Expert e pós-graduanda em Educação Parental e Inteligência Emocional; Facilitadora em Parentalidade Consciente, certificação internacional pela Academia da Parentalidade Consciente (Portugal), Ser mais Educador Parental, Mestranda em Educação.

CONTATO

- 21 96468-3274
- @rose_junger
- rosejungerjp@gmail.com

Escrever e descrever o que deu início ao processo de ser quem eu sou hoje é fazer uma viagem ao tempo e resgatar na memória pessoas que fizeram parte do meu processo de desenvolvimento.

Desde a minha infância, na educação infantil, tenho lembranças de professoras que marcaram a minha trajetória; as brincadeiras, as músicas e as histórias de faz de conta fizeram parte do meu cotidiano, não deixando de lado a infância e, sim, fazendo com que eu estivesse vivenciando e descobrindo a cada dia uma nova fase da minha vida.

Escolhi ser professora, quando tinha exatamente 14 anos, para, junto aos meus alunos, desenvolver habilidades, autoconfiança, respeito e capacidade de entender que somos muito mais do que imaginamos.

Antes de chegar à educação parental, busquei diferentes formações que me fizeram entender que não posso parar; a educação gira e a cada momento surge uma perspectiva, um mundo novo, novas culturas; pessoas que precisam cada vez mais de suporte, famílias sem entender e sem saber como agir.

Os desafios encontrados no dia a dia dos profissionais de educação se agravaram com a pandemia. As emoções estão fragilizadas, e muitos professores e educadores se sentem perdidos, sem saber como agir, como acolher seus alunos e como ser acolhidos. As turmas estão com crianças que não sabem expressar seus sentimentos, e tudo parece muito superficial. Muitos se sentem impotentes, incapazes de ajudar seus alunos da maneira que desejam.

A educação é uma luz no fim do túnel. Através dela, podemos aprender e crescer, desenvolver nosso potencial e fazer a diferença no mundo. Por isso, é importante buscar novos conhecimentos e se atualizar sobre as práticas educacionais mais atuais. Com isso, podemos nos tornar professores e educadores mais preparados para ajudar nossos alunos a alcançar seu pleno potencial. Nossa meta deve ser fazer a diferença na vida de muitas pessoas, mostrando-lhes que elas são capazes de grandes coisas. Através de uma educação de qualidade, podemos ajudar os alunos a compreender sua capacidade de ser e de fazer o melhor, mesmo que seja de forma simples.

No dia a dia da escola, vejo a necessidade de trabalhar na formação de professores e ajudá-los a entender que, antes de serem professores, são pessoas. Pessoas que estão diretamente ligadas ao desenvolvimento dos alunos, como qualquer outra. Se estamos bem, se somos felizes com que escolhemos para ser, isso basta. Nossas palavras e atitudes falarão por nós.

O INÍCIO DA EDUCAÇÃO PARENTAL

Com mais de 20 anos de experiência como professora, atuando no chão da escola e na gestão, pude descobrir que o meu propósito é participar ativamente do processo de desenvolvimento infantil. Este processo envolve a escola, a família, que são bases fundamentais para desenvolvimento pleno da criança.

A minha jornada de formação começou com cursos sobre o desenvolvimento infantil. Durante esses anos, já atuava na educação parental sem saber. Como professora, acolhia a criança e a família. Sempre deu muito certo, pois, quando a família participa ativamente, o objetivo é alcançado.

Como gestora, capacitava meus profissionais para que olhassem com sensibilidade e escutassem ativamente as crianças, acolhendo as famílias em todo o processo, não apenas quando a criança "necessitava". Com certeza, isso fez toda a diferença. Mas, mesmo com toda a minha boa intenção e formação, percebi que faltava algo: a educação parental.

A busca pelo autoconhecimento e a educação parental me transformaram. Comecei a pesquisar muito, até encontrar o coach e, em seguida, a educação parental. Essas duas experiências foram transformadoras para mim. Através do autoconhecimento, descobri meu propósito e quem eu realmente sou. Também aprendi a gerenciar minhas emoções de forma mais eficaz. A educação parental me ensinou a ser melhor como esposa, mãe e filha. Ao me tornar uma melhor pessoa, consigo ser uma melhor esposa, mãe e filha.

Pronto! Eu estava pronta. Cursava o coach parental, formada em parentalidade consciente e com alguns cursos livres sobre o assunto. Mas, apesar de tudo, ainda faltava alguma coisa. O medo de atender outras famílias, de colocar em prática com elas tudo o que eu havia aprendido, parecia estar muito distante.

Comecei a praticar dentro da minha casa, mudanças simples, mas significativas, até mesmo porque eu sempre fui muito tranquila. No entanto, carregava comigo algumas crenças (inconscientemente).

Sentar-se e dialogar com o meu esposo foi a parte mais difícil. Ele não tinha o conhecimento, mas tinha a crença de que estava tudo bem. "Eu fui educado assim e sou quem sou, nossos filhos estão bem," ele dizia. Mas isso não era o suficiente para mim. O jeito de falar, o tom de voz, a maneira que era conduzida a conversa precisava melhorar. Vou confessar que consegui, através dos instrumentos da educação parental, que o meu esposo melhorasse uns 80%. Ainda está no processo, mas todos já perceberam a diferença.

No ano de 2022, resolvi tomar uma decisão. Eu me dividia entre a sala de aula de uma escola pública e a gestão de uma escola privada, escola essa que foi planejada e realizada para o desenvolvimento da minha filha. Quando percebi que ela já não fazia parte daquele espaço, decidi me dedicar 100% como professora.

Me deparei com uma turma desafiadora e, novamente, comecei a colocar em prática os instrumentos da educação parental e da parentalidade consciente. No primeiro momento, as práticas eram realizadas sem que eu falasse da educação parental. Muitos ainda não entendiam o poder de transformação nas famílias. A comunicação não violenta, o livroterapia, a roda da vida, dentre outros, foram utilizados tanto com as crianças quanto nas famílias. No final do ano, o resultado de todo o processo foi transformador. Foi a prova de que a escola sozinha não consegue e que a família precisa de uma direção. Alguém que consiga trazer a consciência de que é necessário e possível fazer diferente. Eu acredito que é na escola o lugar ideal para treinar e capacitar as professoras para que elas possam orientar e encaminhar as famílias a procurarem ajuda com o educador parental.

A partir da experiência, iniciei a mentoria "Conectar para transformar", onde profissionais da educação estão sendo transformados ao conectarem consigo mesmos. Isso os capacita a conectarem-se com o outro (crianças, adolescentes e famílias) de forma mais eficaz.

DEPOIMENTOS DA MENTORIA

"Que alegria! depois de um dia inteiro dentro da escola, terminar o dia com o coração aquecido e a cabeça cheia de ideias para o novo. Está sendo um momento prazeroso de conhecimento."

Mariana Marques – Diretora

"Amei as ideias, vou aderir! Muito bom ter essa troca de conhecimentos e enriquecer ainda mais nossos planejamentos e objetivos! Foi muito prazeroso dividir esse momento com vcs!"

Evelyn – Professora de educação infantil

Meu Deus... a cada aula, percebo que preciso aprender a ter mais controle. Preciso me policiar nas minhas atitudes, a me controlar pela minha família. Obrigada por ter despertado em mim o desejo de ser melhor a cada dia!

Angélica – Professora de educação infantil

Obrigada Rose Junger, pela mentoria de hoje. Grata por despertar novas ideias para nossa reunião, acolhimento das famílias e crianças e tudo que está agregando para nossas vidas. Como eu disse durante a aula... Vou pôr em prática em casa. Precisava muito desse norte de como agir em casa com meu filho.

Fabrícia – Professora de educação infantil

Esses foram alguns dos depoimentos que recebi após o encontro de mentoria. É muito gratificante ouvir que a mentoria está fazendo a diferença na vida das pessoas. O ano de 2023 começou com esse lindo projeto, que é fundamental para divulgar a educação parental.

Com tanta coisa acontecendo, ainda assim, eu me via distante de atender como educadora parental. Eu tinha medo de estar sozinha, frente a frente com aquela mãe, aquela família. Foi quando me surgiu mais uma capacitação, e eu pensei: "Preciso fazer!". Mas depois pensei: "Mais uma? São tantas, e fica na nossa cabeça: 'Só mais essa...'". Entre uma conversa e outra, resolvi fazer o SERMEP. A Ana Paula sempre foi muito atenciosa e prestativa, e eu sempre estava ali, perguntando, precisando de uma afirmação para algo que eu já sabia, mas que me deixava insegura. Ela vinha com a afirmação, o que me dava coragem. Até que surgiu o primeiro atendimento. Mesmo com a metodologia da parent e da parentalidade consciente, o SERMEP me deu a segurança para alinhar os atendimentos, utilizar os instrumentos na hora certa e me sentir segura com o que estava fazendo. Neste primeiro trimestre de 2023, onde pensei que não conseguiria atender, atendo a três famílias. E recebo relatos de como a educação parental está sendo essencial e transformadora. Isso só afirma que vale a pena, mesmo quando tudo parece estar girando no sentido contrário ao nosso propósito. Mas, na verdade, precisamos saber com quem estamos caminhando.

Hoje, trago os desafios como experiências que me fortaleceram e me fizeram chegar até aqui. A partir deles, entendi que estou no caminho certo. Tenho coragem e determinação para levar a educação parental para lugares que eu nunca imaginei.

* * *

*"Aprendi com as primaveras a deixar-me cortar
e a voltar sempre inteira"*
Cecilia Meireles

21.
TRANSFORMANDO A DOR: UMA JORNADA ATRAVÉS DA EDUCAÇÃO PARENTAL

SANDRA MARIA DA SILVA SIQUEIRA

RESUMO

Desejando contar a minha própria história, notava quando as pessoas contavam suas histórias sempre tinham finais felizes, o que me fazia questionar se a minha valia a pena ser contada. Neste capítulo finalmente terei a oportunidade de contar um pouco sobre as vivências que me trouxeram até aqui. Entender que a vida é repleta de desafios e prazeres assim com a carreira de Educadora Parental nos faz caminhar com mais leveza pelo mundo.

CURRÍCULO

Natural de Votuporanga, SP, mais velha de seis irmãos. Casada com o Wagner 30 anos, três filhos, Guilherme (que nos deixou quando tinha 6 anos) Gabriel de 23 anos e Sophia de 20 anos. Pedagoga com várias formações na área da parentalidade e desenvolvimento pessoal, pós-graduanda em educação parental e inteligência emocional. Hoje, atuo em diversas frentes levando a mensagem de encorajamento e esperança da Educação Parental.

CONTATO

- 19 97144-5316
- @sandrasiqueirah
- sandrasiqueiracoach18@gmail.com

Em 2018, fiz minha primeira formação em desenvolvimento pessoal, o Professional & Self Coaching | PSC no Instituto Brasileiro de Coaching. Essa formação me proporcionou uma valiosa experiência de autoconhecimento. Lembro-me que vários exercícios foram feitos ao longo da jornada, mas um deles, a "linha da vida", foi determinante para que eu refletisse sobre todos os eventos marcantes da minha história até aquele momento, assim como as influências da minha criação no meu comportamento e o impacto disso nos resultados que eu vinha colhendo na minha vida.

No entanto, o verdadeiro choque não ocorreu ao confrontar meu passado, mas sim ao perceber que eu estava repetindo os mesmos padrões que aprendi com minha família de origem na educação dos meus filhos. Eu me considerava livre desses padrões, mesmo não tendo frequentado cursos de desenvolvimento humano anteriormente. Eu sempre buscava conhecimento por meio de leitura e tinha a consciência de que a educação que eu tive foi muito violenta e não desejava isso para os meus filhos. Essa descoberta me motivou a buscar ajuda profissional para trabalhar essas questões e melhorar a minha relação com os meus filhos.

Foi um soco no estômago perceber que, apesar de eu não recorrer à violência física, eu estava minando a autoestima dos meus filhos ao tentar impor a eles as minhas vivências. E, meu Deus, eu tinha a melhor das intenções: eu queria que meus filhos fossem tão fortes e resilientes quanto eu me considerava. No entanto, a verdade era que, inconscientemente, eu estava transmitindo a mensagem de que eles não podiam sonhar ou seguir seus próprios caminhos. Confesso que essa percepção me deixou de cama por uma semana, fisicamente doente.

- Como assim?

Eu simplesmente mostrava aos meus filhos a dureza da vida e a necessidade de serem resilientes. Afinal, a jornada que tínhamos percorrido era cheia de desafios e dificuldades.

Meu filho mais velho, Guilherme, só viveu aqui na terra por seis anos (1996 a 2002). Ele adoeceu com quatro anos, e durante os dois anos seguintes, vivemos praticamente todos os dias dentro de um hospital, lutando contra a doença que o levou de nós. Quando descobrimos a doença do Gui, o Gabi tinha quatro meses de idade. Neste momento, a única forma de alimentação dele era a amamentação. Mesmo assim, tivemos que nos separar, pois não era permitido que ele ficasse comigo no hospital devido aos riscos que o Gui corria por conta da quimioterapia. Enquanto meu filho mais velho recebia tratamento intensivo, precisei me dedicar exclusivamente a ele. Essa é uma longa história, mas o que eu quero trazer aqui é um contexto de onde eu comecei na Educação Parental.

Esses dois anos foram muito turbulentos para nós. Para minha sobrevivência emocional, imprimi um certo ceticismo com relação à vida, o que eu erroneamente chamava de "resiliência".

Anos mais tarde (2018), eu percebi, no exercício da "linha da vida", que eu não estava ensinando resiliência aos meus filhos de maneira adequada.

Após concluir minha formação em coaching, decidi que queria trabalhar com famílias, inclusive com a minha própria. Percebi que, apesar de minha boa vontade em ser diferente para meus filhos, estava imprimindo neles padrões que não queria nem para mim mesma.

Trabalhei por algum tempo com life coaching, mas sentia que algo faltava. A vontade de trabalhar com famílias crescia cada vez mais, pois percebia claramente que todo o nosso potencial humano é construído ou minado dentro da nossa família de origem.

Comecei a procurar na Internet por cursos que formassem profissionais que trabalhassem com famílias. Encontrei o termo "Educador Parental", e fiquei muito empolgada ao descobrir que existia uma profissão que era voltada a trabalhar com as famílias, sem, necessariamente, ter formação em psicologia. Embora nunca tivesse ouvido falar deste profissional antes, decidi buscar uma formação em Educação Parental. Foi assim que encontrei a Amar e Acolher, escola da Juliana Peterle, e me matriculei na turma de outubro de 2019.

Tenho um imenso prazer em ser Educadora Parental, pois pude aplicar em mim mesma e em minha família os conhecimentos que adquiri, e percebi o quanto são transformadores para as pessoas e ambientes ao seu redor.

Durante a formação, comecei a realizar atendimentos gratuitos e a trabalhar com clientes pagantes. No entanto, um grande desafio da educadora parental é se sentir preparada. Por isso, no ano de 2022, busquei mais formações, como a de Ferramentas e Coaching Teen com a Parent Brasil – Jac Vilela, e a formação em Parentalidade Consciente com Mikaela Oven- Life Training Portugal.

Nessa trajetória de Educadora Parental, esbarrei em alguns outros desafios, especialmente em me posicionar como profissional de excelência na área, mesmo não sendo psicóloga. As formações que fiz foram muito responsáveis em estabelecer os limites da profissão, mas esse pensamento foi o que eu precisei vencer.

No início da carreira, também achava que minha família tinha que ser "perfeita", que a minha maternidade precisava ser impecável. Porém, o tempo me fez entender que a vida é dinâmica, é viva e as demandas aparecerão todos os dias. Com elas, aprendemos e crescemos. Esse é o sabor e a graça da vida.

Eu aprendi que a maternidade é um processo de aprendizado constante, e que não existe maternidade perfeita.

Explicar o que de fato é essa profissão de educador parental também foi um grande desafio para mim. A grande maioria das pessoas ainda não conhece essa profissão. Por mais que as formações que eu fiz me tenham dado conteúdo para eu entender o meu real papel e me posicionar, não foi fácil.

Neste caminho, Ana Paula Alves me apresentou o curso SER-MEP – Ser mais educador parental. Resolvi fazê-lo como última tentativa de esclarecer essa confusão em minha cabeça. Para minha alegria, ele me trouxe a clareza e o impulso que eu precisava para pôr ainda mais em prática todos os cursos maravilhosos que eu fiz na área de Educação Parental. Eu diria que foi um divisor de águas, um grande prazer.

Trabalhar com uma profissão pouco conhecida no mercado pode ser um pouco solitário. Confesso que, muitas vezes, me senti sozinha.

Durante o 3º Congresso Internacional de Educação Parental, em novembro de 2022, Ivana Moreira mencionou a importância de buscar parceiros. Ela disse: "Arrume sua louca, arrumem parceiras, não andem sozinhas". Com isso, ela queria dizer que deveríamos estar ali no congresso fazendo parcerias, que não estivéssemos ali passeando. Fiquei doida atrás da minha "louca". Aquela fala me animou. Cada colega que vinha falar comigo imaginava ser a minha "louca". Embora não tenha conseguido fazer parceira de trabalho neste congresso, fiz algumas amizades, o que foi muito prazeroso. Mal sabia eu que já tinha encontrado minhas "loucas" lá em outubro deste mesmo ano.

A ideia da "louca" não saiu mais da minha cabeça.

Em outubro de 2022, durante uma aula ministrada por Ana Paula Alves na pós-graduação em Educação Parental e Inteligência Emocional (Parent Brasil), fui levada para uma sala virtual. Lá, encontrei duas colegas de curso. O encontro foi rápido, pois tínhamos apenas vinte minutos para fazer o exercício e voltar para a sala grande. Notamos que tínhamos assuntos em comum, então combinamos de fazer um grupo para compartilharmos nossos interesses e dúvidas, em especial o trabalho com mães de adolescentes.

Me lembro que, quando fui criar o grupo, pensei em dar um nome para não me perder. Meu WhatsApp é uma chuva de grupos, então, sem muito pensar, coloquei lá o nome "Reflexões Parentais". Nos juntamos, eu, Luciana Abreu e Patrícia Nunes. O que não sabíamos é que dali surgiria uma grande amizade e uma parceria de negócios.

Hoje, o Reflexões Parentais evoluiu. Ele é um time que produz conteúdos como um podcast semanal, clube do livro, blog, projeto de orientação vocacional, já aprovado pela Fábrica de Cultura de São Bernardo do Campo, e workshops para mães de adolescentes. Acredito que encontrei minhas "loucas", Ivana Moreira, antes mesmo do congresso, só não sabia ainda. Tenho certeza de que este é só o começo dos nossos projetos. Nosso lema é "Somos ativistas para um mundo melhor - juntas somos mais fortes".

Sim, este é um grande prazer da minha vida: caminhar com pessoas que acreditam no mesmo propósito que eu, e isso devo a Educação Parental.

Posso dizer, então, que a Educação Parental enfrenta enormes desafios como uma profissão nova. Educadoras Parentais podem não se sentir autorizadas a trabalhar com famílias por não serem psicólogas, ou podem acreditar que suas próprias famílias precisam ser perfeitas, ou ainda, que pensem que falta conhecimento. No entanto, quando se libertam dessas crenças e limitações, encontram o grande prazer de transformar vidas e famílias através do seu trabalho.

O mundo precisa do nosso trabalho e, mais ainda, nós precisamos dar essa chance a nós mesmas: de nos sentirmos capazes, de irmos além de tudo aquilo que um dia disseram para nós que era o limite. Descobri que não sou um "feijão perdido", como minha mãe e minha vó diziam. Me permiti me achar.

Que prazer eu tenho em ver o brilho e a vontade de viver nos olhos dos meus filhos! Pois eles viram o meu brilhar novamente, apesar dos desertos que vez ou outra eu tenha que atravessar.

Encerro esse capítulo agradecendo a Deus por tudo o que me trouxe até aqui, por minha fé nunca ter me deixado desistir. Agradeço ainda por aprender que a jornada é tão importante quanto o destino, e por ter a oportunidade de compartilhar essa lição com meus filhos. Quero que eles também encontrem sua própria felicidade e brilhem intensamente.

* * *

" É justo que muito custe o que muito vale!"
Santa Teresa D'Ávila

22.
AO ESTUDAR PARA SER MÃE ME DESCOBRI EDUCADORA PARENTAL

SHEILA DEMESSIANO SOUZA PEREIRA

RESUMO

Ser mãe já não pode ser intuitivo. É necessário recursos para educar. Hoje, tenho certeza de que é preciso estudar, buscar informação, consciência e responsabilidade, sobre o papel que desempenhamos enquanto pais ou responsáveis por um ser em construção. Nesse aprendizado e com os estudos, me descobri Educadora Parental. Essa atividade têm me tornado uma pessoa melhor e mãe com um olhar mais atento às necessidades de cada filho. Hoje entendo que a Educação Parental é prevenção, cuidado e amor.

CURRÍCULO

Enfermeira, pós-graduada em Enfermagem do Trabalho, Analista Comportamental, pela Parent Coaching Brasil – Expert, Coaching Teens, facilitadora em Parentalidade Consciente pela Life Training (PT). Participante do grupo de estudos Ser Mais Educador Parental – SERMEP. Presta atendimento Parental e orienta pais e mães.

CONTATO

49 99935-4246

@sheila. demesouza

sheila.eduparental@gmail.com

Eu pensava que seria fácil e intuitivo criar, educar e orientar meus filhos. Afinal, tanta gente faz e, na maioria das vezes, dá certo! Pensava também que seria igual como fui criada que, "vai dar boas"! E me deparei com muitas dificuldades. Que bom hoje poder entender diferente! Praticar diferente!

Eu sou a filha mais velha de três irmãos. Fui criada muito perto dos avós, dos pais. A casa sempre cheia, com tios, primos e amigos entrando e saindo; almoços com mesa rodeada de parentes e amigos da família. Enfim, vida em cidade pequena e família grande é uma realidade muito interessante, pra não dizer quase uma loucura! E essa proximidade familiar colaborou muito para o meu maternar ser da forma que foi.

Sou Sheila, mãe da Lorena (12) e do Benício (10), casada com Matheus há 16 anos. Sou enfermeira de formação acadêmica e professora do curso Técnico em Enfermagem até o nascimento dos filhos. Decidimos, em família, que eu seria mãe em tempo integral. Foi minha melhor escolha. Acompanhei todo desenvolvimento pleno dos filhos, das primeiras palavras, passando pelos primeiros passos, pelas famosas birras (e pela minha falta de habilidade em lidar com elas). No primeiro dia de escola, eu estava lá chorando e eles plenos brincando. Enfim, foi um privilégio!

Com o passar do tempo, notava que alguns comportamentos dos filhos e alguns meus também eram mais desafiadores de se lidar, mas achava que era normal passar por isso e que a vida daria um jeito com o tempo. Nos piores dias deles, e, talvez, os meus também, sobrava palmada, às vezes chinelada, castigo e gritos. Eu vinha reproduzindo a maternidade que aprendi até o dia em que me sentei no sofá e chorei. Sabe aquele choro doído, de quem não sabe mais o que fazer? É, eu cheguei nesse lugar!

Não queria e não conseguia mais reproduzir e continuar da maneira que havia aprendido; um lugar de punição, quando faz algo de errado, "chinelada" e pouca conversa (por vezes muita conversa que não resultava em nada). Esse foi o meu modelo de maternidade até o dia do meu choro compulsivo no sofá.

A maternidade que aprendi, era de pouco repertório, de experiências por vezes pouco gratas, mas de uma família unida, de risadas soltas, de pais, avós e primos sempre juntos. Estudando, fui entendendo mais sobre as relações e compreendi que se tratava do que meus pais tinham de acervo naquele momento, foi a forma de educar que aprenderam. E eu, quero, posso e devo fazer diferente. A forma que cabia "naquela época", não cabe mais para os dias atuais. Mas não sabia o que exatamente como faria.

Decidi e, em conversa com o marido, resolvemos que faríamos diferente. Conversei com uma amiga psicóloga e pedi ajuda. Naquele instante, percebi que precisava aprender mais sobre mim e sobre a criação e condução dos filhos. Parti para o momento "pesquisa no google". Fui buscando por cursos, PDFs, pesquisas que pudessem solucionar o meu problema, achando que existia uma receitinha mágica ou pílula de dose única que satisfizesse meus anseios de mãe e uma forma de educar eficaz que mudasse o comportamento deles do dia para noite. É claro que não encontrei! Fiquei muito frustrada pois achei que seria algo mais fácil e rápido. Pensava como ser possível não haver um modelo de educação eficiente para criar filhos, um passo a passo...

Enquanto isso, comprei alguns livros para me orientar e continuei minha busca. Os comportamentos dos filhos e o meu precisavam de ajustes. Em uma dessas pesquisas, me deparei com um curso de Kids Coaching do Instituto Infantojuvenil e me apaixonei pelo curso. Foi esse meu primeiro insight sobre a Educação Parental. Márcia Belmiro, idealizadora desse curso, apresentou-me a Teoria Cognitiva Comportamental (TCC) e a Gestalt que são as bases do método kids Coaching, além da Comunicação Não Violenta (CNV) de Marshal Rosemberg.

Sentia um frio na barriga a cada aula e já ia colocando em prática em casa o que vinha aprendendo (com certa dificuldade, tenho que reconhecer). Não é fácil virar a chavinha e admitir que fez muita coisa desnecessária. E aí vem a pergunta: Por que eu não soube disso antes?! E se eu tivesse esse conhecimento antes, teria feito diferente?

Hoje, entendo que cada coisa acontece no seu tempo! Essa descoberta mudou para melhor minha vida em família. Ainda antes de concluir o curso, testei algumas técnicas em casa e vinha funcionando com as minhas crianças, então ofereci meus serviços como kids Coaching à três mães com filhos em idade entre 7 e 9 anos (filhos de conhecidos). Enchi-me de coragem, peguei o telefone, expliquei a proposta, que eram atendimentos pró-bono (sem custo) e que eu iria na casa delas atender seus filhos, pois eu não tinha sala e poucos recursos disponíveis, mas muita vontade de beneficiar outras famílias também.

Os atendimentos foram acontecendo. O medo, a tremedeira foram diminuindo a cada sessão e fui me soltando. A cada atendimento eu ia testando e aprendendo, testando e melhorando minha aplicação do método. Assim acontece até hoje, vamos melhorando a cada atendimento, observando o que não foi tão bom e aperfeiçoando a sessão.

Nesse meio tempo, um casal me procurou, solicitando atendimento para sua filha de 5 anos. No entanto, como esse método geralmente atende crianças a partir dos 7 anos (preferencialmente), o atendimento seria com os pais. Posso dizer que tive um frio na barriga assustador, mas fantástico e transformador ao mesmo tempo! Foi a primeira família que atendi. E, sem experiência, fui assistindo às aulas e aplicando os instrumentos de aprendizagem, repetindo, treinando e aumentando meu repertório.

Às vezes acho que nunca está bom o suficiente. A aceitação e autopercepção ainda precisam ser treinadas em mim. Sigo aprendendo a ser menos cobrada por mim mesma.

Ao término desse processo familiar, senti uma alegria enorme em ouvir deles de forma tão afetiva, os impactos ocorridos na família e as mudanças neles mesmos. Recordo que desse dia em diante, a decisão de atender pais estava tomada. Atender crianças tem a sua alegria, tem a ludicidade, o encantamento, o brilho no olhar... vê-los realizar as atividades me gerava um prazer enorme, mas quando os pais me falaram das mudanças neles mesmos e na filha por causa do que mudaram em si, foi algo que virou a chavinha em mim. Me senti motivada a ser um instrumento que gera transformação na vida das pessoas. Alguém que pode colaborar para uma melhora pessoal e que impacta um sistema familiar inteiro. Nossa!!! E isso tudo foi ocorrendo em mim e na minha família concomitantemente. Daí em diante, comecei a procurar cursos que me capacitassem para atender pais. O curso da Parent Coaching Brasil, foi o primeiro que realizei. Existe muito estudo e muita preparação para atender os pais; e o frio na barriga é inevitável. E Esse primeiro atendimento sempre é o mais desafiador pra mim. E ele foi remunerado

Vi que era possível ser Educadora Parental e ser remunerada por esse trabalho, enquanto acompanhava meus filhos crescerem junto deles e aplicando todo conhecimento e prática em casa. Outros atendimentos foram surgindo por indicações. Alguns com suas particularidades. Conto esse atendimento com alegria. Mulher casada, sem filhos suas questões eram com a mãe. Ela, adulta, não tinha um bom relacionamento com seu núcleo de origem. Confesso que tive receio em atendê-la, pois não era a configuração que eu estava acostumada. Fui com medo mesmo e o resultado foi tão bom que nos tornamos amigas. Uma alegria poder mostrar caminhos para um cliente em sua dificuldade e construir um caminho novo para sua vida e, ainda, criar e fortalecer uma amizade. Fomos até parceiras de corrida na rua!

Sinto muita Gratidão por cada sessão e por cada aprendizado. Aliás, percebo que essa é uma característica da Educação Parental, o poder do aprendizado. Cada sessão, cada cliente me trouxe um aprendizado, uma possibilidade de ver e entender o mundo através do olhar dele. De levar um conhecimento para esse cliente e voltar com mais dois pra mim. A Educação Parental cria pontes, traz consciência, amplia o olhar.

E no intuito de buscar mais conhecimento para ser uma mãe melhor e uma profissional melhor (ciclo vicioso). Pesquisando na Internet, conheci a Juliana Peterle, da Amar e Acolher. Foi identificação à primeira vista! Que maravilhoso participar da sua comunidade e aprender tanto em tão pouco tempo. Ju fala com uma simplicidade e com tanta fluidez que inspira muitas mães e mulheres. Conheci a Ju pessoalmente no Congresso e, depois disso, me tornei frequentadora assídua das suas práticas.

Como os filhos estão crescendo, aprender mais sobre assuntos voltados à adolescência, sexualidade, sobre uso em excesso de telas se faz necessário. Confesso que aprender sobre os Temperamentos Humanos e as energias Laser, trouxeram uma visão mais profunda do ser humano, sua essência, das suas necessidades emocionais em forma de comportamentos. E é impossível não destacar conhecer sobre Inteligência Emocional, tão importante nos dias atuais. Todos esses assuntos foram trazidos no 3º Congresso sobre Educação Parental em 2022, e foram cruciais para ampliar meu entendimento sobre o papel do Educador parental em uma família.

Tive o privilégio de participar também da Formação da Primeira Turma Certificada em Parentalidade Consciente no Brasil, com a querida Mikaela Oven, ampliou ainda mais minha percepção sobre a parentalidade. Mia, como é carinhosamente conhecida, traz em seu livro Educar com Mindfulness a frase que me impulsiona: "A principal diferença entre a Parentalidade Consciente e a corrente mais tradicional é que, na primeira, olhamos para a criança no seu todo (emoções, opiniões, necessidades e desejos) e não apenas para o comportamento."

A mãe que eu era, que olhava só para o comportamento dos filhos, deu lugar a mãe que olha para os seus filhos como um todo hoje. Que se tornou Educadora Parental para ser melhor para os seus e hoje contribui com famílias do Brasil e fora dele. E essa mãe aprendiz não para! Atualmente participa de um grupo de Supervisão - SERMEP, com a querida Ana Paula Sant Ana Alves, que também é a idealizadora desse projeto que nos oportuniza falar de nossas experiências pessoais e profissionais. Participo também de um outro grupo de educação de filhos com a psicóloga Adriana Freixo de Farias e sigo estudando para ser a melhor mãe e profissional que posso ser.

Colocar meu conhecimento a serviço da prática profissional é ótimo. Mas é maravilhoso quando se coloca seu conhecimento à serviço da sua família. Quando se começa, mesmo que com passinhos pequenos, ver resultados em sua casa em sua família, aí se torna maravilhoso. Quando se controla o primeiro impulso, e se olha a criança além do seu comportamento, será possível perceber e entender a necessidade dela naquele momento. É um ganho incrível para si e para a família. Requer tempo, paciência e treino dos pais. Afirmo isso, pois acontece comigo diariamente.

Minha trajetória na Educação Parental começou no fim de 2018 e não tem fim. O propósito de ser uma mãe melhor para meus filhos vêm sendo construído diariamente, longe de querer ser perfeita, mas dando o meu melhor todos os dias. O propósito de fazer da Educação minha fonte de renda, está caminhando. O frio na barriga para atender continua e espero que não passe, pois ele tem me impulsionado a ser um ser humano melhor, mais resiliente, mais compassivo e compreensivo. Orientando pais, aprendi que a Educação Parental, tem o poder criar, ampliar, de fortalecer a conexão entre pais e filhos e transformar a vida familiar.

* * *

"Vulnerabilidade não é ganhar ou perder.
É ter coragem de se expor mesmo sem poder controlar o resultado."
Brené Brown

23.
EDUCAÇÃO PARENTAL: EQUILÍBRIO ENTRE VIDA PESSOAL E PROFISSIONAL

SIMONE ALVES RIBEIRO DA SILVA

RESUMO

A maternidade é uma jornada desafiadora, equilibrando filhos e trabalho. Para encontrar o equilíbrio, é essencial cultivar o autoconhecimento. Através do autoconhecimento, as mães podem identificar suas necessidades e limites, estabelecer prioridades e criar estratégias para conciliar as demandas profissionais e pessoais. A educação parental desempenha um papel fundamental nesse processo, oferecendo ferramentas e orientações para promover um ambiente familiar saudável e estimulante. Com o autoconhecimento e a educação parental, as mães podem encontrar um equilíbrio gratificante entre cuidar de si mesmas, criar seus filhos e ter sucesso no trabalho.

CURRÍCULO

Sou Simone Alves Ribeiro da Silva, casada, mãe do Rafael 13 anos e Leonardo 7 anos, Pedagoga (UNIP), KidCoach, coaching escolar e familiar formada pelo Instituto Coaching Infantojuvenil (ICIJ), Educadora Parental com foco em educação socioemocional e facilitadora da Jornada das emoções pelo Instituto Amar e Acolher (A&A). Palestrante e escritora.

CONTATO

- 11 96299-8870
- @simonealvesribeirodasilva | @inovar.geracao
- simone.alves.educadora@gmail.com

O DOM DE ACOLHER E ENSINAR DESDE A INFÂNCIA

Somos quatro irmãos, eu e meu irmão gêmeo. Minha mãe era superprotetora, amorosa, mas também tinha seu lado bravo e exigente. Meu pai era mais ausente, por conta do trabalho noturno, mas era calmo e divertido. Minhas irmãs mais velhas sempre cuidaram muito bem de mim, somos muito unidos.

Minha infância foi boa, mas foi marcada por um evento triste: aos 3 anos, meu irmão gêmeo teve um problema de saúde (meningite) e ficou com uma defasagem mental leve. Eu o acompanhei durante toda a infância e carreguei muitas dores internas, pois ele apresentava dificuldades na aprendizagem e sofria bullying, principalmente na escola.

Assim, fui sua protetora, defendendo-o com afinco. Ele passou por violências de colegas e desrespeito de adultos, e eu presenciava tudo isso com muita angústia, tristeza e injustiça. Muitas vezes, sofria em silêncio, não era tão reconhecida e compreendida. Era a menina boazinha que não dava trabalho, mas que queria ser vista e acolhida também.

O despertar do meu instinto materno também se deve em parte ao fato de ter dez sobrinhos. Tornei-me tia aos quatro anos de idade, e desde então, minhas brincadeiras favoritas sempre envolviam cuidar deles. Além disso, tive professores que deixaram uma marca positiva em minha vida, e o ato de ensinar passou a ter um significado especial. Brincar de escolinha tornou-se minha forma de diversão preferida.

O MEDO DO DESCONHECIDO

Na adolescência, eu era tímida, meiga e estudiosa, com poucos amigos. Deixava as opiniões dos outros prevalecerem sobre as minhas. Iniciei um relacionamento aos 14 anos e me casei com meu primeiro e único namorado, construindo minha família. Concluí o ensino médio e entrei na faculdade de Administração, mas percebi que não estava satisfeita, mesmo conquistando bons empregos. Enfrentei a perda dolorosa da minha mãe aos 19 anos. Casei-me aos 21 anos com meu amor e logo mudamos para uma nova região, onde me vi sozinha, sem família e apoio. Meu marido viaja muito, então decidi retomar os estudos e encontrei minha verdadeira paixão na Pedagogia.

As mudanças constantes despertaram medos, ansiedade, depressão e síndrome do pânico, mas consegui superá-los com terapia, orações e apoio do marido, família e amigos distantes. Foi um verdadeiro processo de superação!

MATERNIDADE E FAMÍLIA

Em 2009, o nascimento do meu filho primogênito foi o momento mais incrível que já vivi, a realização do meu maior sonho: ser mãe! Embora, a ansiedade persistisse, ela se tornou mais suave. Meu filho foi uma peça fundamental nessa cura. A maternidade transformou completamente minha vida, inclusive minha trajetória profissional.

Vivemos por quatro anos no Sul e retornamos a São Paulo – SP, em 2014. Trabalhei em uma escola, onde levei meu filho junto, o que foi uma combinação perfeita. Porém, testemunhei muitas situações desrespeitosas na escola e alguns diziam: "As crianças devem obedecer! Ponto final".

As crianças não tinham voz e nem podiam expressar seus sentimentos. Eu me perguntava como seria o tratamento com meu próprio filho. Os exemplos de professores que vivenciei na minha infância eram outros. E eu queria passar o mesmo que senti com minha versão de professora: acolhedora, amorosa, firme, gentil e respeitosa. A infância é o alicerce da vida.

Minha família cresceu com a chegada do meu segundo filho, uma bênção adicional em minha vida. Optei por dedicar-me à maternidade e deixei de trabalhar fora. Após me tornar mãe, descobri minha paixão e curiosidade pela educação e pelo desenvolvimento humano. Foi nesse momento que decidi levar minha busca por assuntos relacionados à maternidade, educação, neurociência e comunicação respeitosa, entre outros temas interligados.

Mas, quando voltei a dar aulas, meu filho mais novo, que foi comigo, não se adaptou e ficava muito doente, tanto física quanto emocionalmente.

AUTOCONHECIMENTO

Senti minha ansiedade crescer cada vez mais, dividida entre o desejo de trabalhar e estar com meus filhos. Foi nesse momento que decidi me dedicar a mim mesma e a eles, optando por passar um tempo em casa, explorando novas terapias, estudando e me descobrindo. Foi como se eu me acolhesse em um casulo, buscando minha melhor versão. Ao mergulhar no meu interior, percebi que existiam tantas possibilidades a serem exploradas, bastava acreditar em mim mesma.

Foi incrível vivenciar esse processo em casa, redescobrindo-me como indivíduo e tornando-me a melhor mãe que eu poderia ser. Acompanhar de perto o crescimento e desenvolvimento dos meus filhos, cuidando de toda a dinâmica familiar com amor e harmonia. Estava envolvida em algo grandioso, fortalecendo os laços e a conexão com eles e comigo mesma.

ESTUDOS, FORMAÇÕES, CURSOS, MENTORIAS, LEITURAS SEM FIM

Formada em Pedagogia (UNIP), busquei novos cursos. Em 2017 fiz o Kidscoaching, curso da Marcia Belmiro pelo Instituto de Coaching Infantojuvenil (ICIJ). Me tornei Kidcoach e comecei a aplicar nos meus filhos e foi, então, que pensei posso mudar minha carreira.

Em 2020, comecei um novo curso chamado Jornada das emoções. Me encantei por poder trabalhar com as emoções. Me formei como facilitadora da Jornada das emoções pelo Instituto Amar e Acolher, da Juliana Péterle.

Mas, logo veio a pandemia: incertezas, aulas online em casa, filhos e muitas demandas. E agora?

Uma luz se acendeu. Posso atender online, pois a demanda começou a crescer. Montei meu primeiro grupo de WhatsApp, com tema "Autocuidado para mães", com o objetivo de mostrar a importância do autocuidado com dicas práticas.

Divulguei meu trabalho como educadora parental com dois serviços online disponíveis: Orientação parental e o brincar online atenção plena para a criança se expressar e ter o seu momento. Consegui meus primeiros clientes, alguns pró-bônus, outros pagantes.

Eu já dava aulas particulares de reforço e alfabetização, mas, no online, era mais difícil. Então, percebi que poderia levar meu conhecimento para as famílias, escolas e ajudar com o desenvolvimento emocional saudável das crianças e adolescentes. E ser remunerada. Mas, sempre batia aquela insegurança de ir buscar mais e mais informações, que, na verdade, só complementava, crescia e contribuía para com aprimoramento da minha profissão. Comecei a estudar mais sobre vários temas dentro da educação, leituras, assistir lives, participar de cursos gratuitos, palestras, workshops, seminários etc. Sempre buscando entender melhor sobre a Educação Parental.

MEU PROPÓSITO COM A EDUCAÇÃO PARENTAL

Em 2021 estava motivada. O projeto online estava sendo bem aceito. As crianças se sentiam pertencentes e reconhecidas. Os pais satisfeitos. As crianças criaram um laço comigo. Vi uma oportunidade onde poderia agregar mais conhecimentos e promover transformações. E, assim, trabalhei com alguns deles a Jornada das emoções (programa de educação emocional para crianças e adolescentes).

Neste meio tempo, os pais vinham com muitas questões. Busquei realizar o curso completo da Juliana Péterle, a FAE (Formação Além das Emoções), onde temos acesso a mentorias, supervisão e orientações nas conduções dos atendimentos. Como estava iniciando, isso me trouxe maior segurança.

Comecei a movimentar, fazer lives nas redes sociais com outros profissionais da área, palestras para pais, crianças e adolescentes em ONGs, condomínios e instituições.

Conquistei meus primeiros clientes, três famílias: uma menina de 5 anos, um menino de 6 anos e duas adolescentes gêmeas com 12 anos. Cada uma com uma demanda diferente. Fui aplicando as metodologias, bem como minha sensibilidade e experiência de vida em cada sessão atendida.

Um atendimento que se destacou em 2022 foi o do menino de 6 anos que apresentava desregulação emocional, birras constantes e falta de interação social. Por meio de uma intervenção baseada em educação parental, envolvendo os pais, a criança e a escola, foram utilizadas metodologias que se cruzam com a BNCC (Base Nacional Comum Curricular), trabalhando o desenvolvimento das habilidades e competências socioemocionais.

O processo foi realizado e finalizado com um depoimento positivo e estimativas tanto da família quanto da escola, evidenciando o progresso do indivíduo nos contextos familiar e escolar. Esses resultados demonstraram claramente a contribuição significativa do educador parental.

Encontrei um nicho: "Por uma relação Família-Escola" baseada em parceria com a Educação Parental, e, assim, no final de 2022, nasceu a Inovar Geração, um novo projeto em parceria com uma amiga Kidcoach, Tatiane Ribeiro, que tem um grande propósito com a educação.

A Inovar Geração é uma empresa especializada em orientação parental na área da Educação, utilizando técnicas e ferramentas desenvolvidas para estabelecer uma conexão efetiva com o universo infantojuvenil. Estamos prontas para acolher e orientar escolas e famílias que enfrentam desafios comportamentais com suas crianças e adolescentes.

Neste ano de 2023, duas pessoas muito especiais contribuíram para o meu desenvolvimento pessoal. No lado pessoal, trabalhei minhas crenças limitantes, minha criança interior e meu autoconhecimento. No lado profissional, foquei no meu posicionamento e na ação com os projetos.

Iniciei a Mentoria da coragem para educadores com a psicóloga Claudia Resende, uma pessoa que vou carregar sempre no meu coração. Foi uma mentoria transformadora, que me ajudou a encontrar a minha melhor versão.

As frases dentro da Mentoria da coragem:

"O professor não ensina o que ele sabe, ele ensina o que ele é." Jose Pacheco, escola da Ponte

A formação atual e muito significativa que fiz foi no SERMEP – Ser Mais Educador Parental, onde estimula ações e debates para projetos, fornecendo suporte prático e análise de dados conforme o protocolo científico. Liderado pela Ana Paula, um ser humano brilhante, que nos traz clareza de onde podemos chegar com nosso potencial, espalhando a educação parental, validando e promovendo conexão com a prática e segurança na concretização profissional.

Sempre vou lembrar dessa frase declarada pela minha mentora Ana Paula:

"– Você precisa se apropriar para se aprimorar."

Não precisamos ter milhões de cursos. Basta você se apropriar de alguma metodologia, acreditar e ir para ação.

E aqui estou, escrevendo meu primeiro livro, mesmo que seja somente um capítulo. Já é mais uma grande conquista.

EQUILÍBRIO VIDA PESSOAL E PROFISSIONAL

Ser um educador parental é uma profissão gratificante que toca o coração, faz diferença na vida dos outros e proporciona crescimento pessoal e profissional. Você pode trabalhar de forma flexível, presencial ou online, enquanto acompanha o crescimento dos seus filhos. Enfrentar desafios como medo e insegurança faz parte, mas você aprende a lidar com eles ao longo do tempo. A educação parental me ajudou a superar crenças limitantes e emocionais e trazer satisfação ao levar resultados positivos para famílias e escolas. É uma oportunidade de plantar sementes de educação respeitosa e gentil, promovendo um futuro saudável para as próximas gerações.

Brené Brown disse: "Vulnerabilidade não é ganhar ou perder. É ter coragem de se expor mesmo sem poder controlar o resultado."

"Somente quando temos coragem suficiente para explorar nossa escuridão que descobrimos o poder infinito da nossa própria luz."

Acredito que a caverna que devo adentrar é a da confiança em mim mesma e ao encontrar obstáculos, vou enfrentá-los. Tenho plena confiança em minha capacidade e mereço ocupar meu lugar na Educação Parental.

Sou grata e honrada por toda a trajetória que percorri, comprometida com essa bela missão de vida.

É um prazer me apresentar: Simone Alves – Educadora Parental.

* * *

"Na jornada da educação parental, os desafios se transformam em oportunidades de crescimento mútuo, e a abordagem consciente se revela como o farol que ilumina o caminho, promovendo conexão e compreensão entre pais e filhos."

Waldyane Zanca

24.
É PRECISO TER CORAGEM PARA SER EDUCADORA PARENTAL

SIMONE BORGES

RESUMO

Acredito na força transformadora da educação consciente e respeitosa, sendo a mãe, o pai ou o cuidador a base de suporte nesse método. Meu propósito é que essa educação transformadora seja uma realidade para todos os alunos, professores, pais e sociedade. Eu entendo que essa transformação é possível e trabalho para que ela realmente aconteça para todos.

CURRÍCULO

Sou natural de belo horizonte, vivendo nos Estados Unidos a 16 anos, casada a 16 anos e mãe de dois filhos: Ana Silvia, de 13 anos, e Lucas Francisco, de 9 anos. Trabalho como babá a 15 anos e atuo como educadora parental e coach familiar na condução de processos individuais, workshops e palestras. Certificação: -Expert Parent Coaching- Especialista em Parent Coaching Teen - A adolescência Blindada - Minicurso disciplina positiva - A Clínica do adolescente -SERMEP - Como melhorar a comunicação com seu Adolescente - Educação Parental - Adolescência com Respeito e Parceria.

CONTATO

- +1 (978) 473-4567
- @reconectando.familias
- ana-borges-@hotmail.com

Ser educadora parental para mim foi um ato de coragem. Já atuei em diversas áreas, trabalhei como cabelereira, balconista e muitos outros.

Mas o maior desafio de todas foi me mudar para os Estados Unidos. Aqui, me encontrei diversas vezes não me sentindo pertencente a este lugar e, principalmente, não me sentia realizada. Além disso, cresci acreditando que não seria possível realizar o sonho da maternidade por conta de complicações de saúde. Porém, tive a minha primeira filha e, com ela, novos desafios. Estava em um país de cultura diferente e com pessoas diferentes, o que ocasionou uma depressão pós-parto. Apesar de trabalhar como babá e ter muita dedicação, ainda estava me descobrindo como mãe.

Infelizmente, após meu primeiro contato com a maternidade, tive dois abortos e carreguei muita insegurança, maiores que em minha primeira gestação. Portanto, quando meu segundo filho nasceu, estava com novos obstáculos pela frente. Acreditava que o caminho mais fácil para lidar com tais situações era ser extremamente rígida com meus filhos, da mesma forma que fui "educada". Entendia plenamente que estava fazendo a coisa certa, mas meu filho mais novo, com apenas 4 anos, me questionava. Esses questionamentos me despertaram diversas dúvidas, destacando: "Será que posso educar meus filhos de outra maneira?"

EXPLICAÇÃO

A partir desse momento, comecei uma busca incessante sobre a melhor forma de educação, buscando minha autotransformação.

Fiz um processo de coaching que foi a "hora da virada" em minha vida. Ali, aprendi a desenvolver minha autorresponsabilidade, percebendo que precisava me posicionar sem procurar culpados, iniciando um acolhimento comigo mesma.

Minha maior dificuldade nesse processo foi adequar que tenho dois filhos de e com personalidades diferentes e que não seria correto cobrá-los e idealizá-los da mesma forma. Neste processo, me abri de corpo e alma para minha própria transformação.

Então, iniciei minha jornada na educação parental no Instituto Te Apoio. Lá, compreendi que precisava adquirir mais conhecimento na área de Educação Parental. A partir desse momento, conheci a Parent Coaching e, desbravando essa jornada, passei a entender que minhas competências estavam dentro da adolescência. Foi nela que entendi que as dificuldades não são exclusivas da infância. Tenho meus dois filhos na fase de adolescência e pré-adolescência. Observando meus resultados com meus filhos, na prática, da Educação Positiva, decidi, então, compartilhar com minhas amigas meus aprendizados.

Dentro disso, fui me envolvendo cada vez mais e percebendo que eu poderia contribuir de uma maneira ainda mais significativa após concluir minha certificação na Parent Coaching. Desta forma, compreendi através do SERMEP uma jornada na Educação Parental, validando tudo o que estava procurando como profissional.

A partir de toda dedicação buscando conhecimento, desenvolvi um desejo enorme de partilhar meus conhecimentos em palestras, muito mais do que em atendimentos. Fiz diversas mentorias para concluir como poderia me preparar para o dia em que seria uma palestrante memorável. No dia 25 de março de 2023, obtive essa oportunidade dentro da comunidade brasileira dos Estados Unidos. Nunca me esquecerei desse dia em que, finalmente, me senti realizada e confiante. Hoje me vejo nesta jornada de maneira brilhante como mãe e profissional, buscando o sucesso através de minhas palestras e descobrindo os prazeres da Educação Parental.

Hoje, posso contar uma história de forma diferente. Moro há 16 anos nos Estados Unidos, lidando com duas culturas diferentes, tendo meus dois filhos americanos. Sigo semeando e cultivando a ideia de que é possível educar com amor, independentemente do país. Não afirmo que não seja desafiador, mas, de forma muito positiva, foi válido todo o tempo de estudo e das noites em claro para buscar o conhecimento necessário para seguir.

Nesta trajetória, eu acolhi, hospedei, acomodei e abriguei não somente as pessoas ao meu redor, mas também a mim mesma. Acredito que para todos os educadores parentais, este é o "treinamento" mais importante. Portanto, afirmo, com toda a certeza, de que esta profissão foi meu mais lindo ato de coragem.

* * *

"Resiliência e empoderamento:
Os julgamentos não me machucam mais!"

25.
EDUCAÇÃO PARENTAL: REESCREVENDO HISTÓRIAS E FORTALECENDO VÍNCULOS FAMILIARES

SUELEN BRAGA

RESUMO

Curiosamente, a vida se encarrega de unir propósitos. No meu caso, foi através de um e-mail na caixa de spam que descobri a Educação Parental. Aquele e-mail, considerado indesejado, mudou minha trajetória pessoal e profissional. Inevitavelmente, me apaixonei por essa abordagem que transforma vidas por meio do afeto, comunicação aberta, empatia e responsabilidade compartilhada.

CURRÍCULO

Mãe da Ana Lívia (14 anos) e da Maria Alice (09 meses), pós-graduada em Neurociência aplicada a Aprendizagem (UFRJ), Tecnologias e em Formação de Professores e Sociedade (UNIFEI), graduada em Pedagogia e Psicologia (UNIP). Educadora Parental certificada pela Positive Discipline Association (PDA). Descobri durante o período que coordenei um programa que integra família e escola por meio de visitas na casa dos estudantes, o meu propósito. Especialista no compromisso de aprender e se lançar a novos desafios, acreditando que amar e mudar as coisas, interessa mais!

CONTATOS

🔗 suelen-braga

📷 @suelen_braga

✉ mspsuelen@hotmail.com

RESILIÊNCIA E EMPODERAMENTO: OS JULGAMENTOS NÃO ME MACHUCAM MAIS!

Me tornei mãe aos 24 anos, já formada em pedagogia, trabalhando na área da educação com crianças na primeira infância, idealizei que a gestação e os cuidados com o bebê seriam fáceis. Afinal, enquanto professora, eu havia aprendido as teorias de Piaget, Emília Ferreiro, Vygotsky e tantos outros renomados autores. Logo percebi que a teoria, embora indispensável, não era suficiente para lidar com as demandas diárias da maternidade.

Com a nova perspectiva de vida e a imensa responsabilidade de uma mãe solo, não me faltou determinação para lutar arduamente para oferecer o melhor à minha menina. Naquela época, meus pais foram essenciais, cuidando da minha filha para eu trabalhar. A vida parecia estar em harmonia. Até que meu mundo inventado começou a ruir e desconstruir minhas certezas. Para não viver uma depressão, optei por viver um novo sonho, diria, uma travessia em busca de mim.

Me lancei ao desafio de uma nova graduação em psicologia, mesmo sem condições financeiras, cercada de medos e tomada pela culpa em me ausentar tanto tempo da vida maternal. Chorei muitas vezes escondido pela situação pela qual eu estava passando. Se não bastassem as minhas dores, os meus medos, as minhas inseguranças, os sentimentos de fracasso e consecutivos desconfortos derivados de uma situação sobre a qual eu não tinha governabilidade, ainda fui julgada por amigos e familiares que destruíam o meu coração ao dizer que eu deixava minha Ana tempo demais com os avós. Ouvi coisas como, por exemplo, que eu era uma mãe ausente, que não estava dando atenção suficiente para a minha filha, que estava colocando a minha carreira na frente da família, que só pensava em mim. Muitas mulheres assim como eu, que já passaram ou ainda passam por isso, sabem o quanto é doloroso sair de casa antes do amanhecer e só retornar tarde da noite e mal ter tempo de estar com sua pessoa favorita no mundo. Fui resiliente aos ataques e aos 'achionismos'. Botei o pé e nunca me faltou chão! Não desisti do meu sonho, desenvolvi confiança e cresci pessoalmente e profissionalmente.

Os anos se passaram. Concluí o sonho da segunda faculdade. Me casei e, 13 anos depois, junto com meu marido, escolhi ser mãe novamente. Ainda na gravidez, ouvi centenas de vezes que eu era "maluca", "corajosa" e/ou outros adjetivos depreciativos por desejar viver novamente a maternidade depois de tantos desafios. Muitos me perguntavam se eu havia me esquecido sobre o quanto os bebês dão trabalho. Neste ponto da vida, eu já conhecia e trabalhava com a educação parental. Havia investido em dezenas de cursos, pertencia a clubes e comunidades que fortalecem a prática. Embora os julgamentos causassem desconforto e estranheza, eu estava certa da minha escolha. Não demorou e Deus logo me enviou minha Maria.

Novamente, minha gestação não foi como idealizei. Descobri que a maior parte dos profissionais de saúde e da educação desconhecem ou desconsideram quase que totalmente a relevância da saúde mental durante um período de vulnerabilidade e excesso de emoções potencializados pela mudança hormonal, próprias e específicas do universo feminino. Mesmo com todas as minhas certezas e o meu bebê sendo planejado e desejado, o transtorno de ansiedade reabriu feridas que eu acreditava estarem cicatrizadas, além de despertar novas angústias.

Nos últimos meses de gestação, desenvolvi doenças psicossomáticas, que são causadas ou agravadas pelo sofrimento psicológico. Precisei passar por uma cirurgia invasiva, e, no pós-operatório, não pude tomar medicamentos para amenizar a dor devido ao estágio avançado da gestação.

Nesse período, entre dores físicas e emocionais, o trabalho com a educação parental, desenvolvendo materiais, organizando eventos e a expectativa em ver os resultados apresentados no Congresso internacional, me ajudavam a esquecer o sentimento de angústia e dor que me fazia chorar exaustivamente e ter pensamentos e medos irreais.

Lamentavelmente, o julgamento e as crenças cristalizadas de algumas pessoas movida por uma lógica pautadas em experiencias particulares, sob a justificativa de me proteger, me impediram de participar de algumas situações que eram importantes para mim, mesmo eu explicando incansavelmente que a ocupação profissional era essencial para amenizar as angústias emocionais.

Quando Maria chegou, foi preciso permanecer mais tempo do que o esperado no hospital devido a um problema de saúde neonatal, inicialmente, preocupante. Eu que já estava fragilizada, novamente, me culpei por não ter sido forte o suficiente para lidar com os desafios enfrentados na gestação. No entanto, com o passar dos primeiros dias, vivendo as descobertas do puerpério e a paixão pelo meu bebê, fui me reencontrando e sendo mais gentil comigo mesma. A vida foi generosa, me apresentando a profissionais que me mostravam que os cuidados com a Maria, seriam aos pouquinhos superados e embora seja necessário um acompanhamento médico sistêmico ela não terá grandes complicações em seu coraçãozinho.

Mal havia superado as dificuldades da amamentação enquanto também me desfazia de incertezas que eu desejava modificar, quando a licença maternidade terminou. Com os rearranjos da vida e uma disposição absurda para superar desafios, meu marido e eu, decidimos colocar nossa menina, em uma escola de período integral, cercada de professoras "terrivelmente" especializadas no desenvolvimento e aprendizagem. E o que aconteceu? Novamente uma enxurrada de julgamentos, só que agora por não deixar nossa filha com uma cuidadora familiar.

Trabalhando em outro estado, algumas vezes não consegui chegar a tempo de pegá-la na escola e até mesmo colocá-la para dormir e meu marido realizava esta função com muito zelo e amor (acho que nunca falei a ele o quanto me orgulho do pai maravilhoso que ele se tornou). Calejada e acostumada a enfrentar e a superar adversidades, confesso que achei um pouco cruel quando me disseram que eu era "desapegada da maternidade", apenas por não dar ouvidos a julgamentos que não me preenchiam. Fato é que eu não vesti com aquele rótulo amargo e permaneci firme no objetivo de reencontrar-me como mulher e profissional, sem deixar de ser mãe.

Finalmente compreendi que o verdadeiro desapego está em ser fiel ao que ressoa verdadeiramente no coração. Sempre vivi com muita intensidade, mergulhos rasos nunca me preencheram. Embora, para muitos o excesso de emoção seja um grande problema, eu o sinto como um combustível que me faz sonhar alto.

Viver um propósito, enfrentando desafios com entusiasmo e modificando crenças cristalizadas na família (e intrinsecamente na sociedade - por ser agente de mudança e inspiração), causa estranheza, desconforto e repulsa que provocam julgamentos muitas vezes injustos. Talvez, não por maldade, mas pela falta de informação e de uma cultura que reprime mudanças, contudo, quando se está seguro de suas escolhas, ancorado em conhecimentos concretos, os julgamentos não te machucam mais!

REDESCOBRINDO-SE COMO MULHER DEPOIS DA MATERNIDADE SOB A ÓTICA DA EDUCAÇÃO PARENTAL

A chegada da Maria, transformou minha vida novamente. As muitas mudanças físicas e emocionais provocaram grandes impactos na minha identidade e autoestima. Com a organização da nova e desafiadora rotina, logo percebi que me dedicava mais aos cuidados com ela e com a Ana, alocando para segundo plano e/ou negligenciando os cuidados com meu bem-estar.

Talvez essa frase, ainda ressoe com estranheza, porque a cultura de não pensar mais em si após a maternidade (parecendo até egoísmo) está muito enraizada na nossa sociedade. No entanto, é importante lembrar que se cuidar além de essencial, nos possibilita estar mais aptos a ajudar os outros de maneira mais eficaz e empática. Neste sentido, a Educação Parental nos encoraja a estabelecer limites saudáveis de modo a cuidar da nossa saúde física e emocional. Atitudes essenciais para resgatar a autoestima após a maternidade:

• Aceitar as mudanças físicas: é comum que o corpo passe por transformações significativas após a gestação. A aceitação dessas mudanças é um passo importante para se reinventar como mulher. É essencial valorizar a força e a beleza que o corpo adquiriu ao gerar uma vida. Praticar atividades físicas que tragam prazer é uma ótima maneira de fortalecer a autoimagem.

• Redescobrir interesses e paixões: A maternidade, muitas vezes, requer tempo e energia, o que pode levar ao afastamento de hobbies e interesses pessoais. No entanto, é importante reservar um tempo para resgatar essas atividades, pois elas contribuem para a realização pessoal e o desenvolvimento de habilidades. Identifique novos interesses como forma de se reinventar, explore novas paixões e descubra talentos ocultos.

• Invista em autoconhecimento: Ser mãe pode levar a uma reavaliação de valores, prioridades e metas de vida (recalcular rotas é sempre importante). É fundamental dedicar tempo ao autoconhecimento, refletindo sobre quem você se tonou como mulher e mãe. Busque meios para meditação, terapia ou outras práticas de autocuidado. É sempre importante (re)descobrir os próprios desejos, sonhos e necessidades para dar um novo sentido à vida e abrir caminhos para a reinvenção.

• Cultive relacionamentos saudáveis: A maternidade pode afetar os relacionamentos afetivos, sociais e profissionais. Nesse leque, os cuidados especiais no relacionamento com o parceiro implicam em investir no diálogo aberto e sincero, buscando apoio mútuo e compartilhando as responsabilidades da criação dos filhos. Além disso, é crucial manter laços sociais com amigos e familiares, que podem oferecer suporte emocional e oportunidades de lazer. Cultivar relacionamentos saudáveis é essencial para uma reinvenção de sucesso.

• Busque apoio e compartilhe experiências: A reinvenção pessoal após a maternidade pode ser desafiadora. Procure por apoio da educação parental, participando de fóruns em redes sociais ou se envolvendo em comunidades locais para compartilhar experiências e encontrar inspirações. Ouvir relatos de outras mulheres que vivenciaram casos similares pode ajudar a fortalecer a confiança e a motivação para se reinventar.

Se reinventar após a maternidade ajuda a fortalecer o relacionamento com seu filho. Ao cuidar de si mesma e buscar o equilíbrio entre as demandas da maternidade e suas próprias necessidades, você demonstrará um exemplo saudável de autocuidado e autoaceitação. Lembre-se de que cada mãe tem seu próprio ritmo e não há uma fórmula única para isso, por isso respeite seu próprio tempo.

EDUCAÇÃO PARENTAL E A MUDANÇA DE CHAVE

A Educação Parental também nos convida a refletir sobre o quanto nós mulheres, de forma inconsciente compactuamos com a cultura de absorver múltiplas tarefas, adotando o comportamento de isentar os homens de responsabilidades domésticas. Muitas vezes, não compreendemos que funcionamos em "tempos" diferentes. É natural para nós, lavar a roupa, enquanto cozinhamos e cuidamos do bebê. Fomos, de certa forma, condicionadas para isso, enquanto os homens em geral foram privados do desenvolvimento desta habilidade. Por isso manter, o diálogo aberto sobre o que será da responsabilidade de cada um é essencial. Exercitar a paciência e esperar o tempo deles, às vezes é difícil, mas se fizermos todo o trabalho, vamos alimentar o hábito de absorver as tarefas.

Eu sempre tive dificuldade para delegar afazeres aos outros. Por isso, quando decidi limitar a ajuda recebida da minha rede de apoio, fui novamente incompreendida. Meu marido e eu estamos trabalhando juntos para criar um ambiente mais igualitário e saudável para nossa família. Ser resiliente para dar às nossas filhas a chance de desconstruir a visão distorcida é um desafio constante, mas estamos avançando.

Mudar a chave e adotar estratégias da educação parental não é tarefa fácil, pois exige exercícios diários. Se dizer a um colega de trabalho que o que ele produziu pode ser melhorado é uma tarefa embaraçosa, imagine dizer para uma mãe que suas técnicas para criar os filhos devem ser aprimoradas. Isto é, se não houver empatia, acolhimento e exemplos concretos dos benefícios e resultados, esteja certo de que toda sua dedicação com cursos e livros será insuficiente. Para aprimorar esta prática, aprender sobre estilos de parentalidade foi essencial para a adoção de atitudes mais assertivas. De forma simplista, me atrevo a descrever aqui os quatro principais estilos de parentalidade, baseados em diferentes combinações entre afeto e controle, proposto pelo psicólogo e pesquisador John Gottman e que embasam uma das abordagens da educação parental.

• Parentalidade autoritária: é caracterizado por altos níveis de controle e baixos níveis de afeto. Os pais que seguem esse estilo tendem a ser muito rígidos, estabelecendo regras estritas e exigindo obediência sem questionamento. Eles podem ser punitivos e não mostram muita afeição ou apoio emocional para com seus filhos.

• Parentalidade permissiva: é caracterizado por baixos níveis de controle e altos níveis de afeto. Os pais que seguem esse estilo tendem a ser mais indulgentes e promissores, permitindo que seus filhos façam o que quiserem sem muitas restrições. Eles são bastante afetuosos e acolhedores, mas podem ter dificuldade em estabelecer limites e impor regras.

• Parentalidade negligente: é caracterizado por baixos níveis de controle e baixos níveis de afeto. Os pais que seguem esse estilo são negligentes e não estão envolvidos ativamente na vida de seus filhos. Eles podem negligenciar suas necessidades emocionais e físicas, não oferecendo orientação ou apoio adequados.

• Parentalidade democrática (ou autoritativa): é caracterizado por um equilíbrio entre afeto e controle. Os pais que seguem esse estilo estabelecem regras claras e consistentes, mas também são afetuosos e receptivos às necessidades emocionais de seus filhos. Eles encorajam a autonomia, estabelecem limites razoáveis e promovem a comunicação aberta e o diálogo.

Adotar o estilo parental autoritativo é considerado o mais benéfico para o desenvolvimento saudável das crianças. Isso porque combina a imposição de limites, disciplina adequada e apoio emocional. Os pais autoritativos estabelecem regras claras, porém flexíveis, bem como fornecem orientação e apoio aos filhos. Eles valorizam a comunicação aberta, ouvem opiniões e incentivam a autonomia e a independência.

Na prática, posso aplicar o estilo parental autoritativo na primeira infância e na adolescência, enquanto observo importantes conquistas no desenvolvimento e aprendizagem das minhas filhas. É importante ressaltar que cada indivíduo é único e pode responder de maneira diferente. Com a bebê, desde os primeiros dias, me dedico a manter uma rotina que inclui brincadeiras, estimulação da curiosidade e da criatividade com livros e brinquedos heurísticos, bem como reforço sempre que necessário o "NÃO" por meio de gestos e da entonação de voz. Já com minha adorável adolescente, promovo a autonomia, a comunicação aberta e o apoio emocional, para ajudá-la a desenvolver habilidades de resolução de problemas, autoconfiança e autoestima, também estabeleço limites flexíveis que permitem o desenvolvimento da responsabilidade e da independência.

COMO O E-MAIL NO SPAM MUDOU A MINHA JORNADA?

No final de 2019 uma ex-professora da faculdade me apresentou a Comunicação Não Violenta (CNV). A partir de então, comecei a estudar e investir em cursos para aprender mais sobre este processo de comunicação desenvolvido pelo psicólogo americano Marshall Rosenberg, que visa estabelecer uma comunicação mais eficaz, compassiva e empática. Como o google é um grande espião, (às vezes do bem) seu mecanismo de sugestão, se encarregou de me conectar a conteúdos relacionados e foi assim que o convite para participar do primeiro Congresso de Educação Parental chegou até mim, no ápice de uma pandemia.

Inicialmente, compreendi que aquele movimento seria essencial para estabelecer algumas ações de trabalho. Após o congresso, mandei um e-mail aos organizadores e nosso propósito se uniu quase que de imediato. Começamos com uma tímida parceria. Simultaneamente, me dediquei a fazer a certificação da Disciplina Positiva. Quando finalizei o curso, com coração cheio de sonhos, tive a oportunidade de apresentar a metodologia aos meus gestores da época, que compraram a ideia e investiram na certificação para toda a equipe (33 profissionais que atuam nas escolas públicas de São Paulo). Com tantas evidências positivas relacionadas ao impacto no processo de aprendizagem em 2022 tive a honra de ver o programa que coordenava ser o primeiro a se tornar embaixador no compromisso com a Educação Parental.

Como propósitos não se unem por um acaso, cheguei até a Ana Paula S. Alves que me acolheu e convidou a integrar o SERMEP - que cada vez mais potencializa meus sonhos (e de tantas outras mulheres). Se me permite um conselho: Não tenha medo desse lançar em voos audaciosos, mesmo que não seja o momento perfeito. Você só vai encontrar seu caminho, caminhando. Peço licença ao cantor e poeta Chico César para finalizar com o trecho da canção que diz:

"Caminho se conhece andando

Então vez em quando é bom se perder

Perdido fica perguntando

Vai só procurando

E acha sem saber

Perigo é se encontrar perdido

Deixar sem ter sido

Não olhar, não ver

Bom mesmo é ter sexto sentido

Sair distraído, espalhar bem-querer"

REFERÊNCIAS BIBLIOGRÁFICAS

BENCZIK, E. B. P. *A importância da figura paterna para o desenvolvimento infantil.* Rev. Psicopedagia. São Paulo, v. 28, n. 85, 2011, p. 67-75.

CREPALDI, M. A. *A participação dos pais nos cuidados da criança. Psicologia em Estudo.* Maringá, v. 11, n. 3, 2006, p. 579-587

GOTMAN, J. *Inteligência emocional e a arte de educar filhos: como aplicar os conceitos revolucionários da inteligência emocional para uma compreensão da relação entre pais e filhos.* Rio de Janeiro: Objetiva, 2021.

*   *   *

*"Instrua seu filho a formar bons hábitos enquanto ainda é pequeno.
Assim, ele nunca abandonará o bom caminho, mesmo depois de adulto."*

Provérbios 22:6, NBV-P

26.
EXPERIÊNCIA E CONTRIBUIÇÕES DA EDUCAÇÃO PARENTAL PARA PAIS, FILHOS E OUTROS PROFISSIONAIS

TATIANA MOSCARDI

RESUMO

Ao longo deste capítulo, compartilharei um pouco da minha experiência como educadora parental, destacando a importância dessa área de atuação, as estratégias que utilizei para lidar com as demandas e as dificuldades dos pais e dos filhos, e os marcos profissionais que foram essenciais para a minha opção de vida. Também destacarei como a educação parental pode contribuir para o trabalho de outros profissionais que lidam com crianças e adolescentes.

CURRÍCULO

Tatiana Moscardi é educadora parental especialista em pré-adolescente e adolescente. Atua há mais de 4 anos auxiliando pais e mães na construção de relações saudáveis e positivas com seus filhos, sobretudo na adolescência. É mãe de três adolescentes e possui um profundo amor e respeito pela família, que a inspira a seguir em frente nessa jornada de educação e apoio às famílias. Com base em sua experiência e conhecimento, Tatiana oferece cursos, palestras e workshops sobre educação parental, além de atendimentos individuais e em grupo para pais e adolescentes.

CONTATO

13 99671-7123

tatiana.moscardi@gmail.com

A Educação Parental é o conjunto de práticas e técnicas que os pais utilizam para educar e guiar seus filhos na vida. É um processo contínuo que envolve comunicação, apoio emocional, estabelecimento de limites e expectativas claras, entre outros aspectos. Seu papel e importância na sociedade atual são fundamentais, visto que uma educação parental adequada pode contribuir para o desenvolvimento saudável e feliz das crianças e adolescentes, além de prevenir problemas emocionais e comportamentais.

Os benefícios da educação parental são diversos. Ela pode ajudar a fortalecer os vínculos entre pais e filhos; a contribuir para o desenvolvimento socioemocional das crianças, aumentar a autoestima e autoconfiança dos filhos, além de prevenir problemas de saúde mental e comportamentais.

Minha trajetória como profissional de educação parental começou com a minha formação na Febracis, que me proporcionou uma base sólida sobre o autoconhecimento e desenvolvimento pessoal. Conhecendo a importância do desenvolvimento para todos os membros das famílias, busquei uma especialização mais direcionada para a família. Formada em Educação Parental pela Parent Brasil, no decorrer da minha jornada, me especializei em pré-adolescentes, adolescentes e vocacional, para poder oferecer o melhor suporte às famílias que atendo.

Como profissional de educação parental, acredito que a empatia, o respeito e a escuta ativa são fundamentais para construir um relacionamento saudável e produtivo com as famílias. Meu objetivo é ajudar os pais a compreenderem e a lidarem com as dificuldades e desafios da vida familiar de maneira positiva e construtiva, para que possam criar um ambiente de amor e segurança para seus filhos.

As jornadas de educação parental são repletas de desafios e aprendizados. Como educadora parental, já atendi a diversos públicos, desde mães buscando melhorar a dinâmica familiar para que elas cuidassem melhor da família até a adolescentes em conflito de escolha da faculdade. Cada experiência foi única e me proporcionou um grande aprendizado.

Participei de projeto em escola, oferecendo uma orientação e suporte aos pais para que pudessem lidar com as demandas na fase da adolescência. Entre os desafios que enfrentei, posso citar a resistência de alguns pais em buscar ajuda, a falta de tempo e recursos financeiros para investir na educação dos filhos e a dificuldade de lidar com comportamentos desafiadores dos adolescentes.

Como educadora parental, tive experiências gratificantes ajudando famílias a resolver vários conflitos com seus filhos. A que mais me chamou a atenção foi a de um pai que queria ter conexão com seu filho adolescente. A partir dessa experiência, nasceu meu workshop "Reconectando com seu adolescente". Também tive a oportunidade de palestrar para mães, no ministério da igreja, com o tema "Alcance o coração do seu filho". Com estratégias eficazes e empáticas, pude orientar essas mães a cultivarem relacionamentos saudáveis e fortalecer o vínculo com seus adolescentes.

Para lidar com essas demandas, utilizei diversas estratégias, como a escuta ativa e empática, a elaboração de planos de ação personalizados para cada família, atividades educativas em grupo e a oferta de recursos e materiais que pudessem auxiliar no processo de educação.

Um dos projetos mais marcantes que participei foi em uma escola que oferecia atendimento para as famílias em situações de vulnerabilidade. Lá, pude ver o quanto a educação parental pode fazer a diferença na vida dessas famílias se estendendo a todos os membros, ajudando superar traumas e dificuldades emocionais e comportamentais.

Ao longo dessa jornada, aprendi que cada família é única e possui suas próprias demandas e desafios. Como educadora parental, meu papel é orientar os pais a desenvolverem habilidades e estratégias para lidar com esses desafios de forma positiva e construtiva, contribuindo para o bem-estar e desenvolvimento saudável dos filhos.

A educação parental é um instrumento emocional valioso para outros profissionais que trabalham com crianças e adolescentes, como professores, pediatras, psicólogos, assistentes sociais entre outros. Ao compreender e aplicar as estratégias da educação parental, esses profissionais podem melhorar sua comunicação, relacionamentos e intervenção com as famílias, resultando em um melhor suporte para o desenvolvimento saudável dos adolescentes.

Por exemplo, um professor pode utilizar técnicas de comunicação eficaz e de resolução de conflitos para lidar com situações problemáticas em sala de aula, como bullying ou dificuldades de aprendizagem. Um pediatra pode fornecer orientação aos pais sobre a importância da disciplina positiva e da construção de relações saudáveis com seus filhos.

Em resumo, a educação parental pode auxiliar profissionais que trabalham com crianças e adolescentes a se comunicar e interagir melhor com as famílias, fornecer orientação e suporte para enfrentar desafios específicos e melhorar o bem-estar e o desenvolvimento saudável dos adolescentes.

A minha carreira como educadora parental tem sido marcada por vários momentos significativos e gratificantes. Um dos marcos mais importantes foi o reconhecimento do meu trabalho pelos pais e pelos filhos que atendi. Receber o retorno positivo deles tem sido uma das recompensas da minha carreira.

Outro marco profissional significativo foi a oportunidade de estabelecer parceria com a liderança dos ministérios da igreja que congrego, compartilhando o mesmo objetivo de promover o desenvolvimento saudável de crianças, pré-adolescentes e adolescentes. Essas parcerias têm sido fundamentais para ampliar o alcance e o impacto do meu trabalho, além de me permitir colaborar com outros profissionais e aprender com suas experiências e conhecimento. Esse reconhecimento serve como uma validação do meu trabalho e incentivam-me a continuar buscando formas de aprimorar a minha atuação e contribuir para a sociedade.

Em resumo, como educadora parental, eu pude vivenciar momentos desafiadores e prazerosos, e aprender muito com as experiências que tive ao longo da minha trajetória. Acredito que a educação parental é fundamental para o desenvolvimento saudável das crianças e adolescentes, e para a formação de uma sociedade mais justa e solidária. Espero continuar contribuindo para o bem-estar e o desenvolvimento saudável de crianças e adolescentes, e ajudando outros profissionais e instituições a alcançarem esses objetivos por meio da educação parental, é uma área de atuação que exige dedicação, sensibilidade e conhecimento técnico.

Por fim, quero expressar minha gratidão pela oportunidade de compartilhar meus conhecimentos e experiências com os leitores. Espero que tenham sido inspirados a se envolverem ou aprofundarem na área da educação parental, contribuindo, assim, para a construção de uma sociedade mais justa e solidária. A educação parental é um caminho de desafios, mas também de grandes recompensas, e é uma honra poder fazer parte dessa jornada.

* * *

Este livro foi composto em Crimson, Gobold Extra 1 e Gobold Uplow.
Impresso em Cartão Supremo 250 g/m² e Luxcream 60 g/m²
na gráfica Trust Print.